Gaudí
La arquitectura como obra de arte total

Juan Antonio Ramírez

ANAYA

Colección: Biblioteca Básica
Serie: Arte (Monografías)

Diseño y edición: Narcís Fernández
Inés Plana

Ilustraciones: Juan Antonio Ramírez / Archivo Anaya

Coordinación científica: Juan Antonio Ramírez
(Catedrático de Historia del Arte)

Coordinación editorial: Emilio Pascual

Primera edición: marzo 1992

I.S.B.N.: 84-207-4471-0
Depósito legal: M-5.191-1992
Compuesto en PUNTOGRAPHIC, S. A. L.
Sol Naciente, 31. 20027 Madrid
Impreso por Gráficas Velasco, S. A. C/ Antonio de Cabezón, 13
Polígono Industrial de Fuencarral. 28034 Madrid
Impreso en España. Printed in Spain

Contenido

El símbolo universal de una ciudad

POCAS VECES la imagen de una ciudad ha estado tan condicionada por la obra de un arquitecto como en el caso de Barcelona respecto a Gaudí. Pensar en la ciudad es evocar al arquitecto, y viceversa. Pero este extraño sincretismo no es mero resultado del azar: Gaudí quiso siempre hacer una arquitectura *original,* lo cual debe entenderse en el doble sentido de «vuelta a los orígenes» y en su acepción ordinaria de «diferente a lo que hacen otros». Cada trabajo de Gaudí se convirtió así en un poderoso punto de referencia. Las formas de sus edificios apelan a símbolos complejos arraigados con mucha fuerza en el inconsciente colectivo de toda la humanidad. Esto permite que Gaudí trascienda el ámbito catalán para ser considerado un genio verdaderamente universal.

Las formas inventadas por él parecen crecer vigorosas, como si tuvieran una vida propia, o como si fueran solidificaciones de algún sueño maravilloso sobrevenido tras hojear las páginas más fantásticas de la historia natural. Pero eso no es todo: Gaudí desplegó la máxima inventiva en el diseño de las terrazas, techos y remates. Son formas que se ofrecen a los cielos, como si pretendieran relacionarse directamente con las potencias celestiales. Estas zonas elevadas apenas se adivinan desde el nivel de la calle, pero cuando subimos a las faldas del monte Tibidabo podemos apreciar el diálogo sorprendente que tales remates establecen entre sí: campanarios de la *Sagrada Familia,* chimeneas de la *Casa Milá,* techo escamado de la *Casa Batlló,* remate cónico del *Palacio Güell,* torrecillas con cruces de cuatro brazos en *Bellesguard* y en el *Parque Güell,* etc. Con éstos y con otros elementos Gaudí se apropió, simbólicamente, del estrato celeste de Barcelona condicionando para siempre su apariencia global.

Pero ¿quién fue el artista genial que supo caracterizar de este modo a la ciudad? ¿Qué significado tienen sus obras? Quizá sólo quepa decir, de entrada, que esta arquitectura contiene una ilimitada promesa de felicidad, y en ese sentido parece contraponerse a los «edificios de castigo» que ha divulgado más tarde la modernidad.

Las terrazas de la Casa Milá, *construida por Gaudí entre 1906 y 1910, contienen el más fantástico «jardín de formas» que se pueda imaginar. Los depósitos de agua, salidas de escalera y chimeneas han sido concebidos como organismos arrebatados y sinuosos. El arco parabólico agregado a uno de ellos permite ver, perfectamente enmarcada, la silueta de la Sagrada Familia, todavía en construcción. Parece evidente que Gaudí quiso conectar visualmente la «parte celestial» de ambos edificios.*

1

Un esteta extremado

EL QUE crea que a un hombre tan singular como Gaudí le debe corresponder una biografía llena de avatares, puede llevarse una gran desilusión: nuestro arquitecto viajó poco, tuvo una mediocre vida social, no se le conocen aventuras sentimentales (siempre fue soltero), y se mantuvo apartado de la política activa. Es casi lo contrario de lo que se espera de un genio indiscutible, como lo fue Antoni Gaudí. Pero no debemos dejarnos arrastrar por las apariencias: el sosiego y la monotonía de una vida perfectamente regulada por hábitos cotidianos inmutables es algo que pertenece, más bien, a las últimas décadas del arquitecto. Este personaje, exteriormente tan discreto, enmascaraba en realidad una inmensa efervescencia creativa, una febril dedicación al trabajo y a la meditación. Tal vez, en este sentido, haya habido pocos seres como Gaudí, tan tumultuosamente regidos por una pasión.

Sabemos que nació en Reus (o en Riudoms) el 25 de junio de 1852, y que su padre era calderero. El campo de Tarragona, seco pero expresivo, y el conocimiento directo de los oficios mecánicos, condicionaron de un modo decisivo su actitud ante la vida y ante la arquitectura. Gaudí mantendrá más tarde un cierto desprecio por todas las especulaciones abstrusas que no se apoyan en las leyes de la naturaleza. Su gusto por los «hechos» y por las demostraciones prácticas se originó durante la infancia, en contacto directo con los fenónemos naturales y con la actividad manual de los talleres artesanos.

Gaudí llegó a Barcelona en 1869, aunque no ingresó en la recién creada Escuela de Arquitectura hasta 1873. Aquellos años fueron de gran efervescencia revolucionaria: la Primera República alumbró el sueño de una España federal, y eso satisfacía las aspiraciones del cada vez más pujante nacionalismo catalán. Gaudí debió participar de las corrientes ideológicas extendidas en el ambiente: en 1870 concibió el proyecto de restaurar el Monasterio de Poblet, una especie de santuario catalanista. Es probable que el joven Gaudí fuera republicano y ateo. En la Escuela de Arquitectura de Barcerlona (donde estudió entre 1873 y 1877) se manifestó como un alumno independiente, más aficionado a visitar la biblioteca del centro que a asistir regularmente a clase. Sabemos, además, que trabajó como ayudante de algunos arquitectos y maestros de obras para poder pagarse los estudios.

Antoni Gaudí fue, pues, el prototipo del hombre que se hace a sí mismo, algo no tan infrecuente en la Cataluña de la segunda mitad del siglo XIX. El poder económico estaba en manos de burgueses audaces, recientemente enriquecidos, y las organizaciones obreras eran cada vez más activas y pujantes. Si nuestro arquitecto no hubiese sido un joven de origen proletario, que comulgaba con ciertos ideales progresistas, no se le habría encargado diseñar los edificios para la Cooperativa Obrera Mataronesa, la primera experiencia del obrerismo autogestionario que hubo en la Península Ibérica.

En 1888 tuvo lugar la Exposición Internacional de Barcelona y con este fin se acondicionó el Parque de la Ciudadela. Gaudí colaboró en el diseño y participó como expositor reorganizando el pabellón de la Compañía Transatlántica. El propietario de esta empresa era don Antonio López, marqués de Comillas y suegro del potentado Eusebio Güell, que ya había encargado a Gaudí la construcción de su propio palacio en el centro de Barcelona. Una nueva red de relaciones sociales y profesionales se abre al arquitecto: los industriales, rentistas y aristócratas sustituyen, como contertulios de Gaudí, a los jóvenes bohemios y a los ideólogos obreristas. Tras aceptar la dirección de las obras del templo de la Sagrada Familia, estrecha paulatinamente sus contactos con ciertos círculos eclesiásticos, llegando a tener amistad con obispos como Torras i Bages o Joan Grau, y con reformadores como Enric d'Ossó, fundador de las teresianas. Un cambio de mentalidad se va produciendo en el arquitecto al mismo tiempo que su fama se acrecienta y realiza las obras más espectaculares de su carrera.

La última década del siglo XIX debió ser decisiva para la cristalización de la ideología que habría de caracterizar a Gaudí durante su larga madurez. Su religiosidad se acentuó, lo mismo que sus simpatías por el catalanismo político. Un exagerado ayuno pascual, en 1894, estuvo a punto de causarle la muerte. Las anécdotas sobre su piedad y desprendimiento de los asuntos materiales son muy numerosas, lo cual ha dado pie para que surja la leyenda de un Gaudí cuya enorme virtud rayaba con la santidad. La verdad es que este hijo del campo tarraconense no pudo nunca controlar sus rabietas, explosiones esporádicas de mal genio repentino. Su opinión sobre los otros países del mundo, aparte de Cataluña, fue bastante peyorativa. Algunos de sus desplantes, como el que le hizo a Unamuno, fueron célebres en su época. No debemos, pues, caer en la tentación hagiográfica. Todo nos hace pensar que Gaudí se sirvió de la ideología religiosa y de los estratos sociales dominantes en su época para poder desplegar una obra prodigiosa, absolutamente inviable si se hubiera situado al margen de aquellos sectores.

En realidad, Gaudí fue un ser extremado que hizo suya la idea finisecular del artista-genio, del arquitecto como hombre superior. Su soledad fue una opción estética. Tal vez eligiera la vía del sacrificio y del trabajo encarnizado para «salvar» su alma, pero no cabe ninguna duda de que así multiplicó sus potencialidades creativas y pudo alcanzar la más indiscutible inmortalidad artística que haya logrado un arquitecto en el mundo contemporáneo.

Una vida en fotos

Se conservan pocas fotografías personales de Antoni Gaudí, y parece que rara vez posó conscientemente ante la cámara. No obstante, los escasos testimonios de este tipo que poseemos dicen mucho de su carácter y de la evolución de su personalidad.

De 1878 data este retrato del recién titulado arquitecto por la Escuela de Barcelona (1). Es un joven seguro de sí mismo, de mirada desafiante. Su rostro refleja un gran energía contenida. Va vestido con una sobria discreción, más próxima a la bohemia desinhibida de los republicanos inconformistas que a la ostentación de los burgueses establecidos. Diez años después, y para el carnet de la exposición de 1888, el rostro de Gaudí reaparece en esta extraña fotografía (2). Permanece la misma sensación de seguridad, aunque atemperada ahora por una expresión irónica indefinible, como si escondiera un punto de cinismo sutil. Gaudí estaba enfrascado en sus primeras obras importantes pero todavía era poco conocido. Tal vez, en aquellos años, se presentara con algunos rasgos extravagantes con el fin de realzar la dimensión «genial» de su personalidad: obsérvese que la cabeza del arquitecto está afeitada, algo que no volveremos a encontrar en niguno de los retratos posteriores.

Otra foto data de 1904, y está hecha durante una excursión a Montserrat (3). Gaudí, al fondo, mira distraído hacia su izquierda mientras todos los demás están muy pendientes de la cámara. En el centro está su padre y a la derecha su sobrina huérfana Rosa Egea. Con ellos convivió el arquitecto durante muchos años. La muerte de su progenitor

1

en 1906 (tenía 93 años) y la de Rosa en 1912 contribuyeron a incrementar el amargo aislamiento de Gaudí durante la última etapa de su vida. A la izquierda, sentado, está su amigo íntimo y confidente durante muchos años, el doctor Pedro Santaló.

En 1915 monseñor Ragonesi, Nuncio del Vaticano, visitó las obras de la Sagrada Familia junto con otras personalidades eclesiásticas y civiles. La foto tomada en aquella ocasión (4) muestra a Gaudí vestido con una forzada elegancia, dando las oportunas explicaciones. Las torres de la fachada del Nacimiento se estaban elevando (el nuncio y sus acompañantes miran a la parte más alta de las mismas), y existía ya un proyecto completo (aunque no definitivo) de todo el templo. Consagrado enteramente a las obras de este edificio, sin aceptar ningún otro encargo, el arquitecto vivía por entonces como un auténtico eremita. El empeño titánico de Gaudí y la grandiosidad de su proyecto hicieron exclamar al nuncio: «Usted es el Dante de la arquitectura.»

Gaudí murió en 1926 tras ser atropellado fortuitamente por un tranvía. Dos años antes, durante la procesión del Corpus Christi, fue hecha esta célebre instantánea (5). La imagen habla de su extrema devoción religiosa, aunque hay otros detalles que también son significativos: la barba y el abundante cabello cano de ese anciano contrastan con el afeitado y las cabezas engominadas de los otros devotos.

Muchos han pensado que Gaudí despreciaba así las vanidades mundanas. Pero también éste era un modo extravagante de afirmar su diferencia, de proclamar por cualquier medio la naturaleza «única» del genio.

3

4

5

2

Hacia un naturalismo «original»

ANTONI GAUDI se formó como arquitecto en un momento en que por todas partes se propugnaba la imitación de los estilos antiguos y exóticos. Existía un código tácito de asociaciones entre el lenguaje y la función de los edificios, de modo que los órdenes clásicos se suponían ideales para ciertas construcciones oficiales, las ojivas góticas para las iglesias, las formas árabes para lugares de esparcimiento o «caprichos» de placer, etc. Esta manera de entender la arquitectura, conocida con el nombre de *eclecticismo,* coincidió en el tiempo con las teorías del arquitecto francés Viollet le Duc, el cual hizo una interpretación racionalista del estilo gótico: lo que le interesaba de ciertas obras medievales era la impecable lógica constructiva, y de ahí que justificara la utilización atrevida de nuevos materiales industriales para edificios contemporáneos.

Sabemos que Gaudí admiraba profundamente a Viollet le Duc, a quien releyó con un apasionado interés. Sin embargo, no siguió demasiado su invitación a utilizar sin restricciones los nuevos recursos de la industria: aunque no rechazó los soportes de hierro y de hormigón armado, Gaudí prefirió siempre materiales tradicionales como el ladrillo, los muros de mampostería y los pilares de piedras duras. El arquitecto catalán debió percibir la contradicción entre la habitual recuperación «lírica» de los estilos del pasado y la lógica estructuralista que propugnaba Viollet le Duc. Aunque intentó en sus obras juveniles resolver sin un éxito completo este dilema, la gran aportación de Gaudí consistió en tomar la naturaleza como fuente constante de inspiración. Y no se contentó, en este sentido, con copiar la forma de animales o plantas para rellenar paramentos decorativos (eso es lo que hicieron otros muchos arquitectos modernistas) sino que su imitación del mundo natural quiso ser también *estructural.* Podría decirse que aplicó al repertorio de la naturaleza el mismo método empleado por Viollet le Duc para examinar la arquitectura gótica. Gaudí dijo en varias ocasiones que «ser original es volver al origen»; esto no significa que fuera necesario desprenderse a toda costa de los estilos y de los procedimientos heredados, sino que la arquitectura debía cimentarse en el estudio directo de la naturaleza, madre originaria de todas las cosas y, para él, testimonio incontaminado de la obra de Dios.

Arquitectura primigenia de la gruta

El «belén» de la fachada del Nacimiento de la Sagrada Familia fue situado por Gaudí en el interior de una cueva cuya inmensa apertura triangular parece enmascarar las ojivas neogóticas subyacentes. El arquitecto intentó reconstruir un marco «realista» para el acontecimiento, con estalactitas de hielo para sugerir el frío invernal (se supone que estas formas colgantes irían pintadas de blanco y azul para acentuar su naturalismo). Pero al situar el nacimiento del Salvador en una gruta natural, y no en una «cabaña», Gaudí señalaba un origen mítico de la arquitectura ajeno a toda la tradición histórica: Dios habría nacido en *la naturaleza,* y no en *la cultura.*

La imitación de las abejas

El gran descubrimiento arquitectónico de Gaudí fue el arco catenárico, formado de una manera natural cuando se deja colgar una cadena (o un cordel) sujeto por sus dos extremos. Al invertir esta forma resulta un arco que no es ojival ni tampoco de medio punto sino un intermedio; Gaudí creía que, desde el punto de vista constructivo, este tipo de arco superaba a todos los modelos tradicionales. Aunque los arcos catenáricos eran bien conocidos por los matemáticos, no habían sido hasta entonces empleados en la arquitectura. Gaudí debió adoptarlos observando, como siempre, un fenómeno natural: se trata del modo como las abejas construyen sus panales. Un pequeño grupo de obreras, «encadenadas» por las patas, forman un arco en el aire que es rellenado luego con celdillas hexagonales. La imagen adjunta de esta disposición procede de un tratado muy antiguo de apicultura (1). Observemos que una de las puertas del Palacio Güell, invertida, acentúa su similitud general con un panal (2).

Para entender por qué Gaudí pudo haberse sentido atraído por este modelo de la arquitectura animal debemos tener en cuenta las extraordinarias virtudes atribuidas a las abejas: laboriosidad, desinterés, espíritu previsor, etc. La colmena se consideraba un ejemplo para la sociedad humana, y no deja de ser interesante que el único artículo que publicó el hermano mayor de Antoni Gaudí (un médico que murió prematuramente en 1876) esté dedicado a las abejas. El arquitecto pasó su infancia en el campo, donde observó con interés la arquitectura natural de los insectos melíferos. Más tarde debió tener contactos con don Enrique de Mercader-Belloch, el introductor en España, hacia 1880, de la colmena Layens y de los principios de la apicultura moderna.

1

Árboles y montañas

Los soportes de la arquitectura han venido siendo, normalmente, verticales. Sobre pilares o columnas de este tipo han apoyado los arcos o las vigas adinteladas para formar bóvedas o techumbres. Las presiones hacia los laterales se han contrarrestado engrosando los muros exteriores o construyendo contrafuertes, arbotantes y pináculos, etc. Pero Gaudí observó que el perfil natural de los montículos era inclinado: una masa pétrea informe tiende a formar un cono, y si lo sostenemos en algunos soportes arquitectónicos, lo lógico es que éstos sigan las líneas de la pendiente. Ese principio está presente, desde luego, en los arcos parabólicos o catenáricos. Gaudí empleó tal recurso en numerosas ocasiones, haciéndolo culminar en la capilla de Santa Coloma de Cervelló y en el Parque Güell (1). En este último lugar aprovechó sabiamente las curvas de nivel; parece que el arquitecto no pretendía que su obra se «integrara» bien en el paisaje sino que siguiera los ritmos de la naturaleza y acabara siendo un desarrollo lógico de la misma.

En los pilares interiores de la Sagrada Familia «copió» la distribución estructural de los árboles, cuyas ramificaciones sucesivas confluyen en un tronco único, poderosamente anclado en la tierra. En esta foto de la maqueta (2) vemos que las presiones de la techumbre, convenientemente fragmentadas, son conducidas lógica y naturalmente hasta la base.

Esta disposición encerraba también un contenido simbólico: el templo sería como el interior de un bosque sagrado, el lugar idóneo para que se manifieste la presencia divina.

1

2

Las células de los seres vivos

En la planta de la Casa Milá (1) se aprecia cómo las habitaciones tienen interesantes formas geométricas irregulares. Algo parecido vemos también en el motivo decorativo de una ventana ovalada que se encuentra junto a la escalera principal de la Casa Batlló (2). Gaudí debió adoptar estas formas mirando las láminas en los libros de biología. La que reproducimos aquí (3) procede de un atlas de botánica de 1883 y representa la visión microscópica de una *Marchantia polimorpha*. La obvia semejanza con las disposiciones gaudinianas no quiere decir que el arquitecto haya tenido en cuenta esta lámina en concreto, ya que muchos libros escolares y especializados mostraban imágenes similares. Pero es interesante constatar, una vez más, que las formas de Gaudí no son caprichosas, sino el resultado de un estudio riguroso de lo «natural».

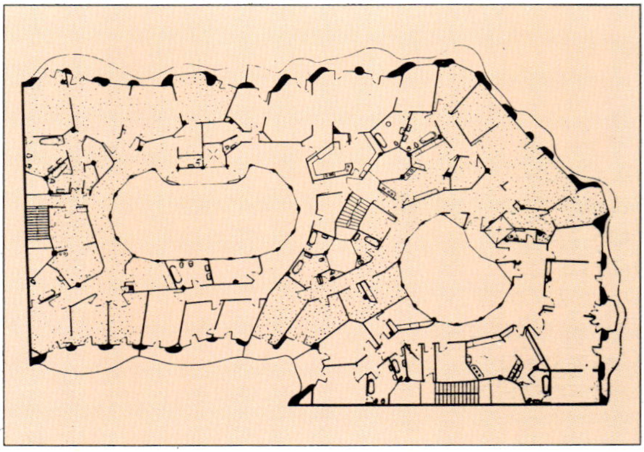

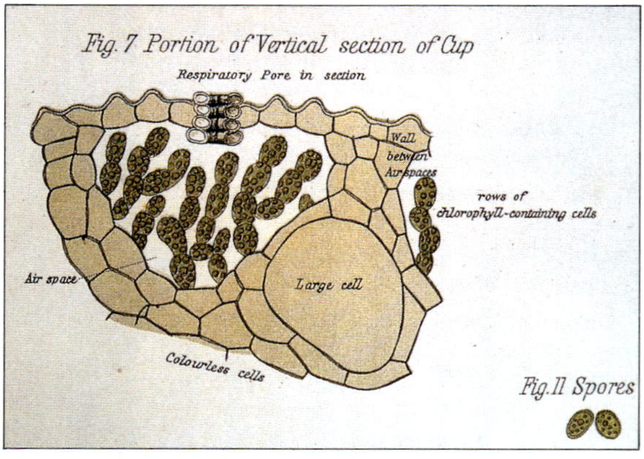

1

Símbolos florales

Gaudí copió, con mucha frecuencia, la forma visible de las plantas, pero su colocación arquitectónica sugiere algo más que una simple pasión «decorativa». Los pináculos del ábside de la Sagrada Familia (1) muestran la ampliación pétrea desmesurada de las hierbecillas que crecían espontáneas en el primitivo solar del templo. Así proclamaba la presencia de lo trascendente en los seres naturales más insignificantes. También la cruz de cuatro brazos que remata la Casa Batlló (2), un evidente símbolo religioso, está formada por capullos florales cerrados. Vemos que Gaudí es insistente en su doble consideración de la naturaleza: como modelo para la arquitectura y objeto de meditación espiritual.

2

3

Los comienzos del genio

GAUDÍ OBTUVO su diploma de arquitecto el año 1878, pero sus primeras obras son anteriores, pues ya hemos dicho que había compaginado sus estudios con el trabajo al servicio de profesionales bien establecidos. Aquellas décadas conocieron una frenética actividad constructiva: la población aumentaba rápidamente y se edificaban numerosas fábricas y mansiones elegantes. No era fácil satisfacer todas aquellas demandas arquitectónicas, ya que faltaban profesionales cualificados. Dejando aparte el talento indiscutible del joven Antoni Gaudí, debemos tener en cuenta esas circunstancias para explicarnos la facilidad con la que consiguió encargos relevantes desde fechas muy tempranas.

Mientras se edificaban las distintas manzanas del ensanche, Barcelona y toda España vivieron acontecimientos históricos de primera magnitud: a la revolución de 1868 y a la Primera República le sucedió la Restauración monárquica en 1874. La burguesía valoró positivamente la prosperidad económica de los años subsiguientes, pero siguió viendo en el poder central de Madrid la causa de casi todos los males que aquejaban a Cataluña. La contradición era mayor si se tiene en cuenta que algunas de las fortunas más importantes del principado se habían originado en el comercio con las últimas colonias del imperio español (Cuba y Filipinas), y se cimentaban en el proteccionismo estatal para los productos de la industria nacional.

Gaudí tuvo un primer período oscuro durante el cual colaboró con otros colegas y firmó obras poco relevantes. Esta etapa formativa y de paulatina consolidación profesional está teñida, ideológicamente, por el republicanismo catalanista. Sus ideales de progreso se manifiestan en el carácter civil y colectivo de sus empresas, en los modernos materiales que propone utilizar, y en las simpatías por la causa obrera que destila su larga relación con la Cooperativa Mataronesa. Nuestro arquitecto era un hombre de familia humilde, y parece que quiso, por lo menos al principio, ser fiel a sus propios orígenes.

Desde el punto de vista estilístico debe constatarse que éste es un momento vacilante. Habrá que esperar a los encargos burgueses de principios de los años ochenta para verle desplegar los primeros frutos maduros de su talento singular.

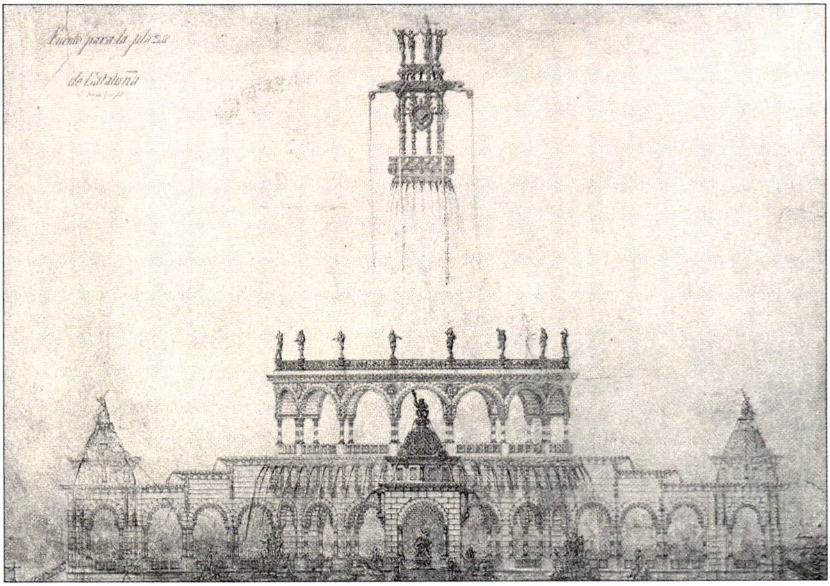

1

Fuente monumental de un escolar

Gaudí no fue un dibujante excepcional, y prefirió siempre trabajar con maquetas, interviniendo directamente en el espacio. Esto contrastaba con los procedimientos enseñados en la Escuela de Arquitectura, basados en la elaboración de abundantes planos cuidadosamente coloreados con acuarela. Aquí vemos uno de los que hizo Gaudí, siendo estudiante, en 1877; su idea para una fuente monumental a construir en la Plaza de Cataluña es muy congruente con la fiebre constructiva que se vivía por entonces en Barcelona.

Fiel a las enseñanzas de Viollet le Duc, Gaudí proponía utilizar en este grandioso proyecto abundantes elementos metálicos, algo con lo que estaba familiarizado por entonces debido a su participación en los trabajos del Parque de la Ciudadela.

El ensanche

Barcelona, a efectos legales, fue considerada durante mucho tiempo «plaza fuerte», lo cual significa que no se podían derribar sus murallass ni estaba permitido edificar en el exterior de las mismas en un radio inferior a unos dos kilómetros. Esta situación era insostenible a mediados de siglo, con 175.000 habitantes que vivían hacinados en el interior de un recinto insuficiente. En 1851 el municipio solicitó que la ciudad dejase de ser considerada recinto militar, lo cual logró siete años después. El gobierno central, al tiempo que otorgaba el derecho a derribar las murallas, impuso en 1860 la propuesta de reforma y ensanche que había encargado previamente al ingeniero Ildefons Cerdá. Debe decirse que el municipio barcelonés apoyaba por entonces un proyecto alternativo elaborado por Antoni Rovira i Trias, manifiestamente inferior desde el punto de vista técnico y estético. Al menos en esta ocasión, las autoridades de Madrid beneficiaron a Barcelona.

El «Plan Cerdá» preveía la parcelación de los alrededores de la ciudad creando una inmensa retícula con calles paralelas y perpendiculares a la línea de costa principal (1). Dos gigantescas avenidas radiales rompían la monotonía del conjunto. Todas las manzanas tenían la misma extensión, y estaba previsto que algunas de ellas se dejaran libres para construir mercados, iglesias, parques y escuelas. Con este marco Barcelona creció a un ritmo vertiginoso, alcanzando los 346.000 habitantes en 1880 y los 533.000 en 1900. El «Plan Cerdá» fue un buen soporte urbanístico que permitió el prodigioso florecimiento del modernismo arquitectónico catalán.

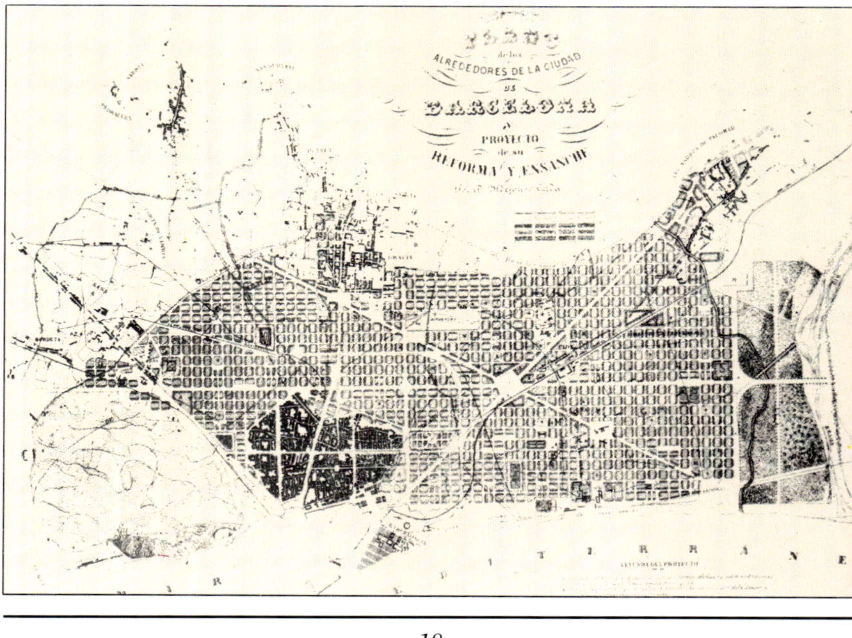

1

La Exposición Universal de 1888

El dinamismo expansivo de Barcelona tuvo la oportunidad de ponerse a prueba cuando se tomó la decisión de organizar una Exposición Universal, al estilo de las que habían prestigiado ya a las capitales más importantes del mundo. Algunos factores eran favorables, como el apoyo político del alcalde Rius i Taulet, y el deseo común de borrar el carácter militar de la Ciudadela. Este recinto, en el límite este, entre la vieja ciudad y el ensanche, simbolizaba para muchos la derrota catalana frente a las tropas de Felipe V. Su definitivo destino civil se vio sancionado al albergar los pabellones del gran acontecimiento internacional.

La Exposición, inaugurada en 1888, no fue sobresaliente desde el punto de vista arquitectónico. Elies Rogent, que había construido la nueva Universidad de Barcelona en un estilo neorrománico, fue nombrado director de las obras, y su «moderación» se notó en el aspecto, un tanto anodino, de los edificios principales. Pese a ello hubo también trabajos muy destacables: el pabellón de la Compañía Transatlántica fue rediseñado por Gaudí, y el restaurante (actualmente Museo de Zoología), de Lluís Domènech i Montaner, se considera un verdadero manifiesto del modernismo catalán. La entrada al recinto estuvo realzada por un gran arco de triunfo (1), enteramente de ladrillo, una obra de Josep Vilaseca. Aunque la técnica parecía «neomudéjar», el estilo era una amalgama fantástica de componentes europeos y orientales. Es obvia su proximidad estética con las primeras obras importantes de Gaudí. Puede decirse que la Exposición Universal de 1888 permitió a Barcelona liberarse de todos sus complejos y marcó el inicio de uno de los momentos más interesantes de la historia de la arquitectura occidental.

1

1

El modernismo «goticista»

Josep Puig i Cadafalch (1867-1956) fue, además de arquitecto, historiador del arte y político catalanista ilustre. Él hizo algunas de las reinterpretaciones más inspiradas de la tradición medieval. La Casa de les Punxes (1903-1905) es un ejemplo de su habilidad para adaptar formas góticas y técnicas mudéjares a las necesidades de una casa de vecinos en el ensanche barcelonés (1). Los remates puntiagudos de estos «torreones» recuerdan algunas restauraciones de Viollet le Duc, sin olvidar el aire británico inconfundible de todo el conjunto; no está claro, por lo tanto, que pretendiera evocar el supuesto pasado grandioso de la Cataluña medieval.

Gaudí, por estas fechas, había superado ampliamente las influencias del historicismo goticista, y se hallaba embarcado en una aventura artística ciertamente mucho más rica y personal.

1

Modernismo «estructural»

Parece que Lluís Domènech i Montaner (1850-1923) no sintió simpatía alguna por Gaudí. Ambos arquitectos recibieron los encargos más relevantes de la ciudad y gozaron de una importante consideración social. Domènech i Montaner fue un inventor menos fecundo y original que su rival, pero estuvo más abierto a las posibilidades estructurales que ofrecían las vigas metálicas de fabricación industrial.

El Palau de la Música Catalana (1905-1908), diseñado por él, tiene una brillante decoración exótica en el exterior, con hermosos mosaicos y esculturas modernistas. Pero el empleo de una armadura de hierro le permitió crear un espacio interno de gran diafanidad (1). Las vidrieras, como puede apreciarse, alcanzaron aquí su culminación estética, gracias a la casi total eliminación del muro lateral y del techo opaco.

En el Parque de la Ciudadela

La idea de convertir el recinto militar de la Ciudadela en un parque público tomó cuerpo tras la revolución de 1868. Cuatro años después, y una vez superadas todas las trabas gubernamentales, el ayuntamiento convocó un concurso internacional para el diseño y arreglo de este gran espacio de esparcimiento. El ganador fue José Fontserè Mestres (1829-1897), un maestro de obras cuya familia procedía de Riudoms, junto a Reus. Parece claro que la vinculación de Antoni Gaudí, siendo estudiante, a las obras de la Ciudadela, debe atribuirse a este común paisanaje con Fontserè.

El parque fue concebido como una síntesis entre la tradición británica de los parterres con lagunas irregulares, y la francesa de las avenidas rectilíneas adornadas con estructuras monumentales. Lo más sobresaliente fue la gran cascada artificial, una copia casi literal de la que se había construido poco antes en Marsella. Es obvio que Fontserè no tenía ningún talento especial como diseñador; aunque él firmara los planos, debemos atribuir a sus colaboradores lo mejor de cuanto se construyó en el recinto. Del joven Gaudí son, sin duda, las rejas exteriores, con unas hermosísimas farolas flanqueando las entradas principales (1): sobre un poderoso mástil vertical hay unos cascos medievales que parecen proteger el lugar, y se anticipan a algunas de las chimeneas de la Casa Milá. Los globos luminosos de la parte central alumbran, fundamentalmente, al escudo de la ciudad. El proyecto de este trabajo está fechado el 30 de mayo de 1876, de modo que ese día podría simbolizar el punto de arranque del genio, todavía oculto, de Gaudí.

Cascada monumental

La firma de Gaudí fue encontrada en una de las estatuas de la enorme cascada del Parque de la Ciudadela (1), lo cual demuestra claramente su participación en los trabajos. Aunque el conjunto de esta obra no es muy original, contiene numerosos detalles imaginativos, como una gruta artificial debajo del salto de agua. Éste será un motivo recurrente que encontraremos en otras grandes obras del maestro, desde el espacio «cueviforme» de las casas Batlló y Milá, hasta las grutas sagradas de Montserrat (Misterio de Gloria) o de la Sagrada Familia.

La placeta de Aribau

Una terraza sobreelevada, en la cual se situó después el monumento a Aribau, está cerrada mediante una balaustrada resuelta con motivos neogriegos. También esta obra debe atribuirse al joven Gaudí. Resulta curioso que las palmetas decorativas tengan una forma similar a la de los arcos catenáricos típicamente gaudinianos. El pedestal es macizo y sobrio en la base, pero ligero y lírico en la parte superior (2). Gaudí rediseñó con una libertad considerable los elementos básicos del orden jónico, un anuncio temprano de la actitud que adoptaría, muchos años después, en el mercado helénico del Parque Güell.

Las farolas y el simbolismo de la luz

Es muy significativo que el primer encargo oficial que recibió Gaudí fuese el de unas farolas de gas para iluminar la vía pública. El oficio del ayuntamiento de Barcelona lleva la fecha del 15 de febrero de 1878, y en él se menciona al «joven y aprovechado arquitecto». En realidad, aunque Gaudí había acabado la carrera el 4 de enero, no tenía todavía el título oficial, ya que éste fue expedido el 15 de marzo de ese mismo año. Pero esta minucia burocrática carecía de importancia, ya que debía ser bien conocida su participación en trabajos precedentes, como los del Parque de la Ciudadela.

Gaudí cumplió el encargo diseñando un mástil vertical, de fundición, apoyado en una especie de pedestal marmóreo, de planta triangular (1). En la parte superior apoyaban unos brazos que sostenían los fanales propiamente dichos. Aquí previó el arquitecto dos soluciones alternativas: según las necesidades luminosas del lugar, las farolas tendrían tres o seis brazos, sin que cambiara para nada el resto de la estructura. En el centro, prolongando el mástil, se alzaba una especie de columnilla que sostenía un casco alado con dos serpientes enroscadas. Gaudí justificó la presencia de este «caduceo de Mercurio» por la vocación comercial de Barcelona, ciudad a la que, de un modo evidente, se pretendía homenajear. Cuando los dos primeros ejemplares estuvieron terminados se colocaron en la Plaza Real, inaugurándose para las fiestas de la Merced de 1879. Diez años más tarde se encargaron otras cuatro farolas del modelo «simplificado», pero Gaudí no tuvo éxi-

1

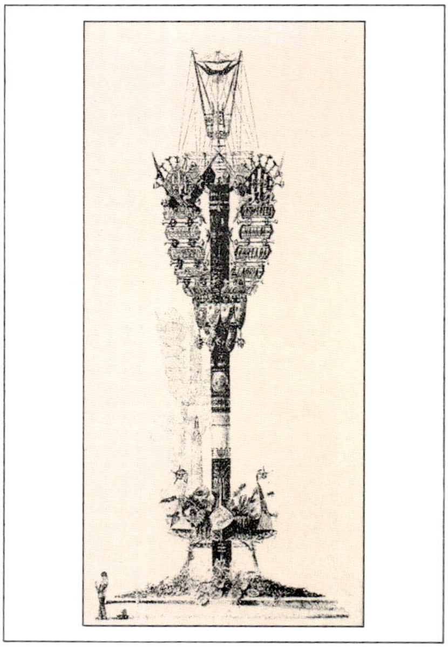

to en su deseo de que toda la iluminación nocturna de la capital de Cataluña procediera de sus diseños.

En conexión con estos trabajos debemos mencionar otro proyecto más ambicioso, que elaboró en colaboración con el ingeniero José Sarramalera Aleu: la iluminación de la Muralla del Mar. El plan Cerdá preveía la demolición de los muros que «protegían» a la ciudad por el frente marítimo, y esta circunstancia fue aprovechada por Gaudí y Sarramalera para proponer, en 1880, la construcción de un paseo dilatado que estaría adornado con ocho farolas de hierro. Un dibujo esquemático de Gaudí nos permite conocer bien la idea global (3). La luz de gas sería ahora sustituida por la eléctrica, acentuándose de este modo el carácter «progresista» que se quería dar a la glorificación catalanista contenida en la propuesta.

Los fanales, en efecto, se concebían como grandiosos monumentos de más de veinte metros de altura (2). De la parte superior colgarían escudos del principado y una serie de cartelas con el nombre de los almirantes que habían forjado la gloria medieval de las escuadras catalanoaragonesas: Rocafort, Mallol, Lauria, Marquet, etc. Parece que Gaudí exaltaba entonces unos ideales casi secesionistas, y tal vez eso influyera en la no aceptación de su proyecto. El catalanismo monumental fue integrado en un programa global *español* cuando, unos años después (para la exposición de 1888), se edificó el monumento a Cristóbal Colón, justo en el lugar donde Gaudí había pensado colocar la primera de sus enormes farolas. Quizá no sea casual que el pedestal del descubridor de América tenga un aspecto similar.

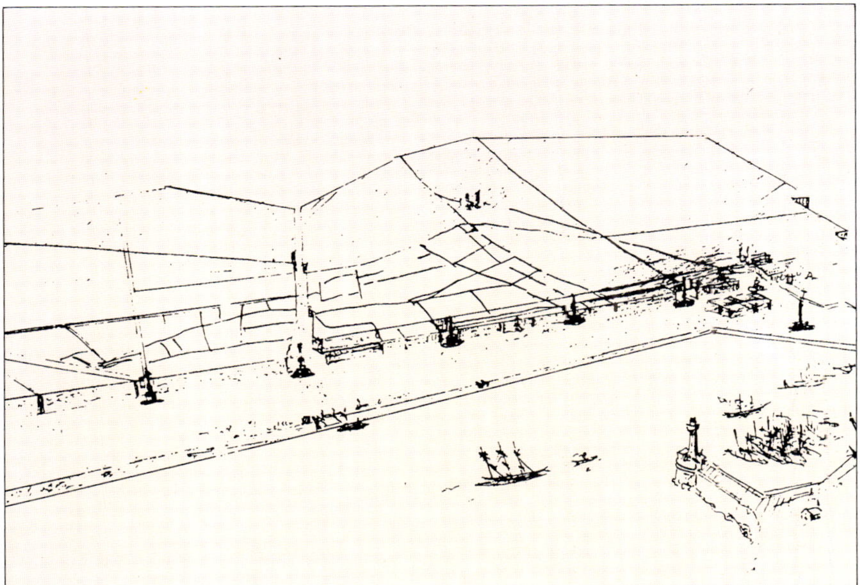

3

Cooperativa Obrera Mataronesa

Barcelona y su cinturón industrial conocieron, durante las últimas décadas del siglo XIX, un auge inusitado de las corrientes ideológicas socialistas y anarquistas. La situación de la clase obrera era, en muchos casos, desesperada, y no tiene nada de particular que un hombre sensible como Gaudí sintiera simpatías por la experiencia que promovió Salvador Pagés. Se trataba de una alternativa a la lucha obrera convencional: en vez de presionar a los patronos para arrancarles mejoras laborales, se propugnaba la creación de fábricas que fueran, de hecho, propiedad de los mismos trabajadores. La cooperativa para la fabricación de tejidos que acabó instalándose en Mataró resulta, desde este punto de vista, de una importancia histórica extraordinaria.

Gaudí parece haberse identificado con estos planteamientos desde fechas muy tempranas: en 1873, cuando empezaba sus estudios de arquitectura, diseñó ya una bandera para la cooperativa. Ésta presentó sus productos (y la ideología social que representaba) en las exposiciones internacionales de Filadelfia (1876) y de París (1878). Con este último motivo preparó Gaudí unos dibujos primorosos que representaban el casino recreativo y la disposición longitudinal de todo el conjunto, incluyendo el proyecto de viviendas pareadas para los obreros-propietarios (1). Gaudí continuó en relación con esta entidad por lo menos hasta 1885, año en que preparó la decoración para una fiesta, celebrada en la fábrica, de claro contenido socialista y republicano. Se dice que Gaudí estuvo platónicamente enamorado de la maestra de la cooperativa Pepita Moreu, pero este aspecto sentimental no minimiza la afinidad que, durante unos años, debió existir entre el arquitecto y los ideales defendidos por Pagés.

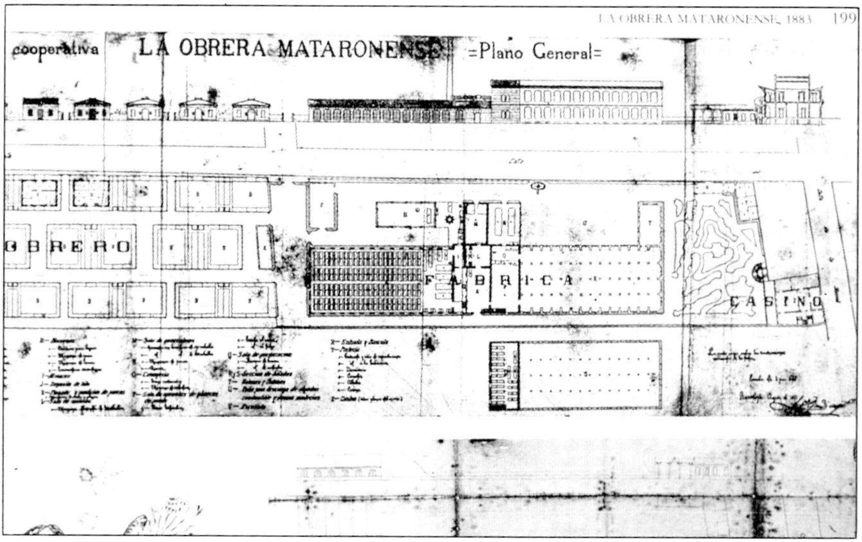

1

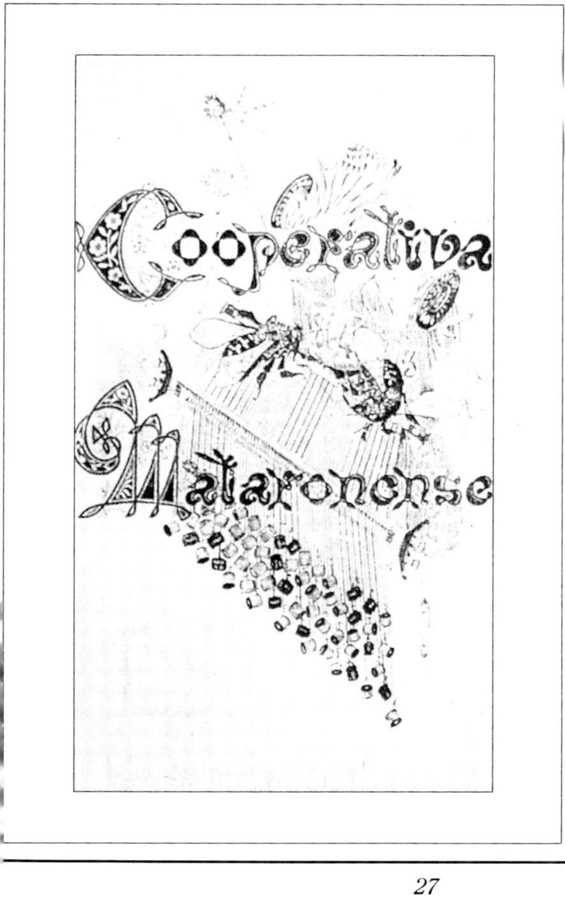

Fábrica-colmena

La sala de blanqueo de la Cooperativa Mataronesa fue resuelta por Gaudí mediante arcos parabólicos, ingeniosamente construidos con pequeñas piezas de madera atornilladas (1). Estas formas, que caracterizarán toda la obra ulterior del arquitecto, fueron utilizadas aquí por primera vez. La inspiración apícola inicial de esta disposición parece confirmarse si se tiene en cuenta que el ideal emblemático de la cooperativa era la colmena, tal como se comprueba al mirar las abejas hilando que Gaudí dibujó para el cartel (2) y la que remata la bandera de la institución, todas ellas diseñadas por Gaudí. La arquitectura perfecta, inspirada en la fabricación «catenárica» del panal, está al servicio de una sociedad ideal compuesta por trabajadores solidarios, como los insectos melíferos.

4

El momento historicista

EN LAS últimas décadas del siglo pasado la sociedad de Barcelona era mucho más abierta, emprendedora y desprejuiciada que la de la capital de España: los profesionales, por ejemplo, tenían una gran movilidad y podían vincularse a estamentos sociales o a sectores ideológicos muy diversos. Para la mayoría de los delineantes, escultores y arquitectos no contaban tanto los pronunciamientos públicos de sus clientes como las relaciones de amistad y fidelidad casi feudal que contraían entre ellos mismos. El caso de Gaudí es significativo: su colaboración temprana con el arquitecto Joan Martorell fue la causa de que éste le «protegiera» poniéndole en relación con los marqueses de Comillas y con la familia Güell; también Martorell hizo posible que Gaudí, poco conocido todavía, asumiera la dirección de la Sagrada Familia. Debe recordarse que por aquellas fechas (hacia 1883) trabajaba para una entidad tan poco burguesa y eclesiástica como la Cooperativa Obrera Mataronesa.

La vida de Gaudí sufrió un cambio importante en el curso de los años ochenta. Sus clientes pertenecían ya a las familias más distinguidas de la ciudad, y es importante tener en cuenta que las relaciones con ellos sobrepasaron en ocasiones lo meramente profesional para entrar en el dominio de la amistad. Interesa también conocer lo que representaban en la vida político-económica y en el debate ideológico, pues eso ayuda a entender mejor la verdadera naturaleza de la obra gaudiniana.

Los marqueses de Comillas, por ejemplo, eran propietarios de la Compañía Transatlántica, que monopolizaba el transporte entre la España metropolitana y sus colonias ultramarinas. La riqueza inicial de esta familia (como la de los Güell) parece que se generó con el comercio de esclavos. Eusebio Güell (que también sería ennoblecido en los años finales de su vida) era yerno del marqués de Comillas, y entre ambos protegieron al eclesiástico Jacint Verdaguer, uno de los poetas catalanes más importantes de todos los tiempos. En una situación algo parecida llegó a encontrarse Gaudí, cuya extraordinaria afinidad personal con don Eusebio le permitió llevar adelante algunos de los proyectos más importantes de su vida. Los Güell eran catalanistas moderados, monárquicos, e intentaban conciliar la tradicional agresividad comercial e industrial de la familia con el deseo aristocrático de ser conocidos como mecenas protectores de las artes y de la cultura. Otros clientes de Gaudí fueron industriales emprendedores como Vicens, Fernández y Andrés, Miralles, Calvet, etc. No siempre eran personas cultivadas, y se da el caso de que una obra tan sofisticada como Bellesguard fue hecha para la viuda de Jaime Figueras, que era analfabeta.

Junto a los promotores civiles están los eclesiásticos, un grupo de personas con gran capacidad propagandística y organizativa, y cuya influencia sobre Gaudí fue aumentando con el transcurso de los años: en primer lugar figuran José María Bocabella, impulsor de la Sagrada Familia, y el padre Ossó, fundador de las Teresianas. Mayor entidad intelectual debieron tener los obispos Torras i Bages, que fue mentor espiritual del muy conservador Círculo Artístico de San Lucas (al que perteneció Gaudí), y el doctor Grau, a quien se debió el encargo del Palacio Episcopal de Astorga. Gaudí compartió las modernas ideas sobre liturgia de este último prelado e intentó aplicarlas cuando restauró la catedral de Palma de Mallorca. Estos y otros personajes representaban una opción relativamente progresista dentro de la iglesia catalana de aquella época, cuyos curas rurales eran todavía mayoritariamente carlistas.

El catalanismo y el reformismo litúrgico del sector eclesiástico que rodeó a Gaudí se encuentran en una línea paralela a la de sus mecenas burgueses: todos ellos intentaban recuperar la especificidad de su nación y proyectarla con vigor en la Europa moderna, pero querían que tal cosa se hiciese sin perder el viejo orden social ni el antiguo poder tutelar de la Iglesia. Las contradicciones que acarreaba aquel deseo eran insuperables. Ello explica, en parte, el patetismo wagneriano y la exasperación ucrónica perceptibles en los mejores productos de aquella época: los edificios de Gaudí.

Estos nuevos contactos sociales tuvieron una primera manifestación estilística con la asunción, por parte del arquitecto, de los repertorios más evasivamente líricos del eclecticismo. Hacia 1883 Gaudí proyectó un grupo de obras más o menos neomudéjares: la Casa Vicens, el Capricho de Comillas y las caballerizas de la finca Güell. Eran, en realidad, edificios «de placer», en la línea de las *follies* o amenidades caprichosas de los jardines dieciochescos. Más tardío es el palacio urbano de los Güell, en el centro de Barcelona, cuyas referencias medievales no eran tan acusadas como los otros proyectos de aquella época: el Palacio Episcopal de Astorga y la llamada «Casa de los Botines» de León. En estos dos trabajos el goticismo era muy acusado, correspondiéndose con el proyecto primitivo para la Sagrada Familia, obra que dirigía Gaudí desde 1883. Todos eran importantes edificios representativos, y por eso, aunque Gaudí se tomó ciertamente muchas libertades estilísticas, tales obras siguen siendo historicistas.

Lo que el arquitecto hizo en los diecisiete últimos años del siglo XIX sintoniza plenamente con el historicismo romántico y optimista del primer modernismo catalán. Debe decirse que este movimiento, tal como se manifiesta en las obras tempranas de Gaudí, Domènech i Montaner y Puig i Cadafalch, parece más una mera adaptación local del arte británico coetáneo que algo dotado de plena originalidad.

La Casa Vicens

Parece muy probable que los primeros diseños de Gaudí para la casa del ceramista Manuel Vicens Montaner daten de 1878, aunque las obras no comenzaron hasta 1883. El proyecto primitivo consistía en una vivienda suburbana, de dimensiones reducidas. El arquitecto se planteó el trabajo como si intentara la reencarnación modernizada de un palacio de *Las mil y una noches:* las paredes exteriores son de mampostería, pero se adornan con hiladas horizontales de azulejos floreados; el brillante colorido de este tipo de apliques, formando ajedrezados, invade todas las zonas altas de la construcción; allí hay amplios ventanales verticales, poderosas cornisas y torreones volados en las esquinas; muchas ventanas tienen un perfil mixtilíneo a imitación de los mocárabes (1). Todo, desde el diseño de conjunto hasta el más mínimo detalle, parece el resultado de un trabajo de simplificación geometrizadora partiendo del vocabulario oriental. Debe recordarse que el neomudéjar fue promovido como un estilo «nacional» a partir de la revolución de 1868, pues se identificaron sus elementos con la supuesta convivencia pacífica de judíos, musulmanes y cristianos en la España medieval.

En el jardín de la Casa Vicens hubo una cascada-mirador decorativa, hoy desaparecida, con un interesante arco parabólico. Las dimensiones del edificio principal cambiaron sustancialmente tras una drástica ampliación realizada en 1925, pero aunque Gaudí no intervino directamente en ella se logró mantener el espíritu de la construcción original.

1 

Naturalismo decorativo y exotismo romántico

Las rejas de hierro que cierran el jardín de la Casa Vicens reproducen con absoluta fidelidad la hoja de un palmito que Gaudí encontró en el solar (1). En las esquinas de la retícula cuadrangular aparecen «claveles del moro», una flor lugareña con la que se adornaron también algunos azulejos de la fachada. Este naturalismo exterior adquiere tintes más exóticos en la decoración interna. El comedor (2) tiene hojas y frutos de cerezo, garzas y otros pájaros volanderos, en una línea decorativa que recuerda a los diseños ingleses del movimiento *Arts & Crafts*. La sala de fumar (3), en cambio, es como una graciosa reducción de la Alhambra, un rincón para evadirse y soñar, algo que no debía resultar tan fácil para aquella burguesía de la *Renaixença* catalana, tan pragmática y terrenal.

3

El capricho de un soltero

Don Antonio López y López, primer marqués de Comillas, emprendió obras de gran envergadura en su costera villa natal, a unos kilómetros de Santander. No estaba precisamente cerca de Barcelona, pero sus intensas relaciones económicas y familiares con el principado explican que los diseñadores y constructores de todo aquel conjunto fueran catalanes. El palacio de Sobrellano, residencia del ennoblecido potentado, había sido hecho por el arquitecto Juan Martorell, y fue seguramente por recomendación suya como Antoni Gaudí consiguió en 1883 el encargo de diseñar una vivienda singular para Máximo Díaz de Quijano, cuñado del marqués.

El cliente era un hombre rico y soltero. Se supone que emplearía la casa como lugar de «veraneo» y esparcimiento, más que como residencia representativa. De ahí sus reducidas dimensiones (1 y 2). Tal vez Gaudí no tuviera de él muy buenas referencias, pues parece que nunca quiso conocerle personalmente: muchos años después bromeó sobre el asunto asociando el nombre de esta persona con el de Don Quijote, y afirmando que con un tipo así no se habría llegado a entender. No está claro, en cualquier caso, que el arquitecto llegara a visitar Comillas. El diseño se hizo «por correspondencia»: siguiendo una maqueta muy detallada elaborada en Barcelona bajo la dirección de Gaudí, la obra corrió a cargo, entre 1883 y 1885, de su compañero de carrera Cristóbal Cascante. Ambos arquitectos estaban muy compenetrados, pues habían trabajado juntos a las órdenes de Fontserè en el Parque de la Ciudadela. No cabe dudar, pues, de la paternidad gaudiniana de este «capricho», excelente ejemplo del neomudejarismo exótico que caracteriza a esta etapa del maestro.

Juegos geométricos y musicales

La horizontalidad dominante en el «capricho» de Comillas está contrarrestada por la verticalidad de una torre-mirador que se alza sobre el pórtico de la entrada (1). Su inspiración oriental es obvia, aunque la forma nos hace pensar en alguna «torre del homenaje» o en alusiones a los faros, algo muy propio de una villa costera. Un ingrediente muy atrevido es ese curioso remate geometrizado que, al estar sostenido por finísimas columnas metálicas, parece flotar en el espacio. También buscó Gaudí el encanto del sonido: las ventanas de guillotina de la fachada emiten, cuando son accionadas, unas sencillas notas musicales (pág. 32, 2). En este edificio temprano parece anticiparse ya la idea de la arquitectura «como obra de arte total» que culminará más tarde en el proyecto para la Sagrada Familia.

Caballerizas de la finca Güell

Don Eusebio Güell, que había prestado mucho interés a algunas obras menores del joven Gaudí, le encargó por fin en 1884 ciertos trabajos en su finca de Pedralbes, que era un inmenso terreno con jardines y vegetación silvestre. La amenidad del lugar estaba destinada a ser «anunciada» por los diseños de Gaudí: una vivienda-portería, a la izquierda de la entrada, y un establo-picadero que se situaba a la derecha (1). También hizo otros ornatos para el jardín, como un umbráculo parabólico de materiales perecederos y una fuente simbólica representando a Hércules y el dragón.

Estos edificios fueron construidos en ladrillo, un material humilde que se avenía bien con el destino rústico del encargo. Pero Gaudí se las ingenió para realizar una obra singular que hablaba elocuentemente de su talento: la composición es asimétrica, buscando la riqueza pintoresca de diversos puntos de vista; las bóvedas de la caballeriza, parabólicas, fueron construidas con tabique de ladrillo, transponiendo por primera vez a un material de albañilería la idea que había aplicado con madera en la sala de blanqueo de la cooperativa mataronesa. En la decoración, también «islámica», destacan dos cosas que Gaudí explotará mucho ulteriormente: el *trencadís* o azulejo troceado (2) (que puede así aplicarse en superficies curvadas), y la proliferación de remates verticales imaginativos que convierten ya las terrazas en un verdadero jardín escultórico-arquitectónico. Con este «manifiesto», a las puertas de Barcelona, hecho para un cliente muy poderoso, Gaudí salió del anonimato y se convirtió en un arquitecto sumamente respetado.

1

1

Jardín de las Hespérides

La entrada de carruajes de la finca Güell está cerrada por una reja en la que Gaudí hizo representar a un dragón encadenado (1). Contenía al principio un ingenioso mecanismo mediante el cual esta fiera espantosa avanzaba sus garras sobre el intruso cuando se abría el portalón. Se trata de Ladón, el animal que guardaba los frutos de oro del Jardín de las Hespérides. La historia fue relatada por Jacint Verdaguer en su célebre poema épico *L'Atlàntida*, una obra que dedicó a su protector, el marqués de Comillas. Cuando éste falleció, Verdaguer fue acogido por los Güell. Gaudí escenificó, pues, un refinado juego privado: la finca sería el lugar de las Hespérides, cuyos frutos de oro, los naranjos, se anunciaban con el remate de la entrada (2). El nombre con que el poeta bautizó la casa, Torre Satalía, alude a la rosa blanca (del mismo nombre en catalán), muy abundante en el lugar, y presente en la decoración metálica de la reja.

1

El palacio Güell

Los pabellones de ingreso a la finca de Pedralbes debieron convencer a Eusebio Güell del talento extraordinario de Antoni Gaudí, y por eso le encargó la construcción de su propio palacio (1885-1889). El solar estaba en la calle del Conde del Asalto (hoy carrer Nou de la Rambla), que es una arteria estrecha aunque céntrica. La idea de Güell y de Gaudí era conectar el nuevo edificio, a través de un pasillo, con la casa que la familia poseía en la contigua Rambla de Capuchinos. Gaudí hizo un edificio relativamente sobrio hacia el exterior, con sillares de piedra blanquecina; un amplio balcón corrido, en el piso principal, interrumpe el frente plano de la fachada (1). Pero dos elementos contribuyen a fijar poderosamente nuestra atención: la doble puerta con arcos catenáricos,

2

y las extrañas chimeneas que emergen en la parte superior. La solución para las puertas (3) era muy novedosa en aquella época y se sabe que el propietario la eligió conscientemente, seleccionándola entre diversas alternativas ofrecidas por el arquitecto.

Del zaguán arrancan la rampa espiraliforme que conduce al sótano (2) y la escalera que lleva a los pisos superiores. El primer espacio es un alarde de sinceridad constructiva, casi «brutalista», con poderosos pilares de ladrillo visto y bóvedas catalanas sin enlucir. A la altura del piso principal todo el palacio se organiza ya en torno a una especie de patio central cubierto con una doble cúpula fascinante y misteriosa. Este espacio, verdadero corazón de la morada, servía como sala de recepciones y como capilla (bastaba en este último caso con abrir las puertas de un gran armario que encerraba el altar). El palacio se construyó con rapidez, sin escatimar gastos, y pudo «inaugurarse» en 1888 con motivo de la Exposición Universal. A las personas de la casa real que visitaron entonces el edificio les sucedieron, en el curso de los años, eminentes viajeros como el rey de Italia Humberto I, el presidente de los Estados Unidos, Grover Cleveland, y una pléyade de intelectuales de distinta procedencia y condición. A todos sorprendió y maravilló este edificio inclasificable desde el punto de vista estilístico. Tal vez debamos ver en sus formas algún reflejo arquitectónico de las teorías de Eusebio Güell acerca del supuesto origen etrusco (y no romano) de la cultura y la lengua de Cataluña; el hecho de que esto sea considerado hoy disparatado no impide que haya tenido alguna repercusión fantasiosa en las obras que promovió.

3

Hormiguero y panal

La cúpula que ocupa el espacio central del palacio Güell parece un baldaquino ingrávido, suspendido en un espacio indefinido y atravesado por la luz (1). Su inspiración parece también islámica, pero está cubierta con losetas hexagonales de una tonalidad «melosa», como si fuera un auténtico panal de abejas. Todo ello se remata en el tejado superior por un cono, apuntadísimo y cubierto con chinarros rugosos (2), que se parece mucho a las torres de las termitas, un tipo fascinante de construcción natural atribuida también a otros insectos solidarios y previsores. Es muy posible, por lo tanto, que el Palacio Güell se haya concebido como una colmena (por dentro) y un hormiguero (visto desde fuera). Es decir, como un nido del trabajo y de la virtud, muy «fin de siglo», a lo Maeterlinck. Esto no habría impedido la presencia de innumerables amenidades arquitectónicas (como las variadas chimeneas de la terraza) y de otros símbolos sobrepuestos.

1

2

Columnas de cristal

La galería que conectaba el palacio con la casa de la Rambla sirvió como museo de los Güell. Es, en sí misma, un espacio encantador: las columnas que separan los tramos de la vidriera, en contacto con el aire del exterior, están rodeadas en la parte interna por semicilindros de cristal transparente (1). La fragilidad de la arquitectura acentúa la sensación de maravilla.

La ductilidad del metal

Entre los dos arcos catenáricos de la entrada principal se colocó un fantástico escudo de Cataluña coronado (una vez más) con un yelmo calado y un aguilucho. Todo ello parece emerger de entre las rejas floreadas que cierran un ventanuco central (2). Gaudí consiguió que los artesanos trabajaran el hierro forjado de tal manera que parece haber adquirido aquí una milagrosa ductilidad. Algo parecido puede decirse de ciertos ornamentos interiores, como los que rodean el arco del dormitorio principal. No obstante se percibe un cambio de tono: orgullosa agresividad en el símbolo nacional y lirismo refinado en los metales de la alcoba.

El colegio teresiano

A mediados de 1880 Gaudí recibió el encargo de continuar las obras del colegio y casa generalicia de las monjas de la Congregación de Santa Teresa. El fundador de la orden y promotor del proyecto era el padre Enrique de Ossó, amigo de Verdaguer y de otros eclesiásticos próximos al arquitecto. Nos encontramos ante otro de esos reformadores religiosos catalanes de finales de siglo a los que tanto parece haber atraído el arte de Gaudí. La idea de hacer un colegio donde las chicas pudieran recibir una educación moderna sin abandonar la esencia de la tradición católica era, en aquel momento, relativamente novedosa. No es aventurado suponer que fue a través de este tipo de trabajos como Gaudí se fue acercando al misticismo religioso de su etapa final. El pie forzado de lo construido previamente (los cimientos y algo del primer piso) obligó al arquitecto a adoptar la planta rectangular. A esta estructura básica le añadió un poderoso cuerpo de escaleras en el frente posterior y otro prisma más pequeño en la entrada delantera. También modificó la proporción, elevando el edificio en altura. Los materiales constructivos, el vocabulario arquitectónico y el modo de dotar a la arquitectura de un lírico simbolismo son, por lo demás, inequívocamente gaudinianos.

El colegio es austero, con sus muros de mampostería y adornos de ladrillo, todavía neomudéjares. Pero tiene unos torreoncitos en las esquinas, a modo de pináculos góticos, que sostienen cruces de cuatro brazos. Las almenas de la parte alta hacen de este colegio otro «castillo interior»; también aludían a Santa Teresa los birretes doctorales (hoy desaparecidos) visibles en esta vieja fotografía (1).

1

1

2

Efecto mágico y simplicidad

El frente delantero del colegio Teresiano se adorna con una serie de celosías y con unos pocos elementos escultóricos de evidente significado religioso. Los vanos, desde la puerta de ingreso hasta la última ventana, se resuelven mediante arcos catenáricos. En algunos casos, como vemos en esta entrada de servicios situada en el frente posterior (1), hay un alarde constructivo no exento de cierto sentido del humor. Los corredores interiores (2) muestran cómo los arcos-diafragma creaban, con recursos técnicos y económicos limitados, un efecto mágico. Parece como si este espacio conventual no fuese algo real, sino la ilusión de una galería de espejos, infinitamente multiplicada.

El apogeo neogótico: Astorga y León

En 1887, cuando no se había inaugurado todavía la morada señorial de los Güell, Antoni Gaudí recibió el encargo de diseñar otro palacio. Se trataba, en esta ocasión, de la residencia oficial del nuevo obispo de Astorga, monseñor Juan B. Grau Vallespinós. Ya hemos mencionado a este activo reformador litúrgico, viejo amigo y paisano de Gaudí (ambos eran de Reus). Debe decirse que su influencia moral e intelectual sobre el arquitecto aumentó mucho con las numerosas entrevistas que hubieron de mantener durante estos trabajos.

Gaudí estuvo en Astorga en varias ocasiones, pero aunque estudió bien el emplazamiento no parece haber buscado una perfecta integración de su obra en el paisaje circundante. Frente al aspecto clásico-barroco de la catedral, el nuevo palacio se levantó con un lenguaje goticista muy personal, libre de toda preocupación por la fidelidad arqueológica a sus hipotéticos modelos medievales (1). Tal vez fuera esto lo que motivó las numerosas objeciones que le puso la Academia de Bellas Artes de San Fernando por boca del Marqués de Cubas. Recordemos que éste era autor del proyecto para la catedral de la Almudena de Madrid, un ejercicio neogótico tan correcto como frío y convencional. Esta desavenencia entre los dos arquitectos es muy sintomática de la diferente orientación artística que predominaba en las dos grandes capitales españolas.

Gaudí empleó en Astorga granito blanco del Bierzo, una piedra de gran belleza en las texturas pero difícil de trabajar. Los elementos arquitectónicos están reducidos a lo esencial, y carecen de las minucias escultóricas habituales en esta clase de proyectos. Parece que se inten-

1

tó hacer hablar a los volúmenes arquitectónicos propiamente dichos, a la geometría de los sillares y de las dovelas. El pórtico de entrada es un ejemplo excelente del atrevimiento con el que Gaudí resolvió simultáneamente los problemas tectónicos y las cuestiones formales. El interior, mucho más brillantemente coloreado, mostraba el abundante empleo del ladrillo y una mayor riqueza cromática. El obispo Grau murió en 1893, y en ese momento Gaudí abandonó la obra. El edificio se acabó mucho después, introduciéndose importantes cambios (sobre todo en las cubiertas) respecto a lo proyectado por el gran arquitecto catalán.

Sí es una obra completa de Gaudí la casa para Mariano Andrés y Simón Fernández, comerciantes de tejidos de León, y clientes de Eusebio Güell (es conocida popularmente como «Casa de los Botines»). También aquí evitó Gaudí competir con la catedral más pura del gótico español, pues concibió este proyecto como una fantasía nórdica, con algo de cuento de hadas (2): un gran bloque macizo, de sillares rugosos, está rodeado por una verja extraordinaria y un foso. Semejante castillo burgués tiene su entrada protegida por un San Jorge matando al dragón, otro homenaje al país de su diseñador (este santo es el patrón de Cataluña). El escultor fue Lorenzo Matamala, gran amigo de Gaudí y colaborador insustituible en la decoración de la Sagrada Familia.

Tanto el palacio de Astorga como esta casa de León marcan el punto culminante en la utilización de elementos góticos por parte de Gaudí. Por otra parte debe señalarse asimismo que ambas obras se insertan como cuerpos extraños en sus ciudades respectivas, y carecerán de consecuencias en la arquitectura castellana posterior.

2

Las bodegas Güell en Garraf

Entre 1895 y 1901 se construyeron unos almacenes y bodegas en la finca que Eusebio Güell tenía en Garraf, cerca de Sitges. Durante mucho tiempo se pensó que el proyecto era de Francisco Berenguer i Mestres, un amigo de Gaudí que no terminó nunca la carrera de arquitectura, y que trabajó a las órdenes del maestro desde 1887 hasta su muerte en 1914. Pero hoy día nos parece indudable el protagonismo en esta obra de Antoni Gaudí.

Lo primero que destaca es su singularidad estilística: por primera vez se abandonan los modelos del pasado (mudéjares, clásicos o góticos) para adoptar formas completamente personales. Se diría que el diseño del edificio principal (1) ha surgido al superponer el perfil de una tienda de campaña con el de varios arcos catenáricos invertidos. ¿Procede de aquí la primera idea para la maqueta funicular suspendida que desarrollará en la capilla de la colonia Güell? Sea como fuere, estas bodegas son un trabajo importante. Su aparejo irregular de piedra al descubierto confiere al edificio un gran encanto poético, haciendo parecer sincero y «popular» algo que es muy sofisticado desde el punto de vista estético y bastante artificioso en sus aspectos técnicos.

1

La portería y la capilla

La entrada a las bodegas de Garraf pasa a través de un arco de ladrillo (1) sobre el cual cabalga, en parte, la vivienda del portero. Es una obra interesante pero no excepcional, atribuible a Berenguer. El edificio principal es mucho más refinado y desarrolla también la idea de la casa-templo que está presente en el palacio barcelonés de los Güell. En el último piso, en efecto, existe una capilla de apuntado perfil triangular precedida por una especie de pórtico o belvedere cubierto (2). Las columnas que soportan su techumbre están inclinadas siguiendo las líneas de la tensión funicular, otro anticipo de lo que Gaudí desarrollará plenamente en las obras religiosas de su etapa final.

5

Del «art nouveau» al expresionismo

EN LOS últimos años del siglo XIX se divulgó por toda Europa un estilo arquitectónico y decorativo caracterizado por la abundancia de curvas sinuosas y por la ornamentación de origen naturalista. Aunque diversos artistas y países se disputan su invención, la influencia de París fue determinante para conseguir su difusión y para que se le bautizase con el nombre de *art nouveau* (arte nuevo). Los artistas de Barcelona, en contacto permanente con lo que pasaba al otro lado de los Pirineos, asimilaron en seguida el vocabulario de formas propugnado por aquella moda. Entre 1900 y 1910 aproximadamente toda la creación artística catalana estuvo muy influida por la poesía simbolista (Maeterlinck era uno de los autores preferidos), por las actitudes «decadentistas» y por la música de Wagner. Se trata de una verdadera oleada de romanticismo esteticista, con una exaltación, desconocida hasta entonces, de la fantasía y de la libertad del arte.

Gaudí participó de una manera activa en ese movimiento, al cual, en cierta medida, se había anticipado con algunos trabajos como las rejas curvadas del Palacio Güell. Lo cierto es que al finalizar la última década del siglo XIX, el arquitecto abandonó casi por completo las referencias historicistas, y sus construcciones se llenaron de curvas y de volúmenes inflados con una prodigiosa plasticidad. Es evidente que en esta evolución se vio estimulado por las formas que llegaban de fuera, y muy en particular por el triunfo del nuevo vocabulario que se hizo patente en la Exposición Universal de París del año 1900. Este es el período central en la vida de Gaudí. Durante unos años desplegó una actividad intensísima, diseñando y construyendo sus obras más personales: sin dejar de trabajar en la Sagrada Familia hizo las casas Calvet, Bellesguard, Batlló, Milá, el Parque Güell, la capilla de Santa Coloma de Cervelló, y un buen número de obras «menores» aunque de gran significación. También debió «regalar» ideas, o por lo menos esa es la impresión que producen ciertas cosas importantes de la Barcelona coetánea. Un ejemplo: el monumento al que había sido alcalde de Barcelona, doctor Bartolomeu Robert, es obra del escultor Josep Llimona (1), pero parece muy probable la participación de Gaudí en el diseño del pedestal. Cuando este grupo escultórico se hizo, en 1910, se terminaba la casa Milá.

1

Resulta tan obvia la similitud entre ambos trabajos que no es imaginable en Llimona un simple plagio de Antoni Gaudí, de quien era amigo y compañero en el Círculo Artístico de San Lucas.

Pero toda la inmensa tarea creativa de aquellos años no habría sido posible sin una modificación en el carácter y el modo de vida del arquitecto. Sus contactos sociales, muy intensos durante los comienzos de su carrera, fueron disminuyendo. En 1906 se «retiró» a vivir en el Parque Güell, donde residirá los últimos veinte años de su vida. Gaudí frecuentó menos las tertulias y aumentó su fama de hombre esquivo, de pocas palabras. Su pasión por el trabajo se hizo absoluta, ocupándole todo el tiempo de un modo absorbente. No era fácil que una personalidad como la suya concordara bien con el espíritu hedonista y un tanto frívolo del *art nouveau* internacional. Por eso su interpretación del estilo es vehemente y torturada. El Gaudí de estos años parece intentar su participación en el movimiento finisecular de alegría generalizada, pero acaba anticipándose al mundo abismal del expresionismo y materializando una especie de «arquitectura del inconsciente», razón ésta por la que tanto interesó a ciertos escritores y artistas del surrealismo.

La Casa Calvet

En el año 1898 España perdió los últimos restos de su imperio colonial. Aunque algunos sectores de la burguesía catalana se vieron muy afectados en sus intereses ultramarinos, se repatriaron muchos capitales, lo cual contribuyó a la reactivación económica en el cinturón industrial de Barcelona. La obra de Gaudí, en todo caso, no se resintió con aquella crisis, y es muy significatico que firmara los planos de la Casa Calvet el mismo año del desastre colonial. Los Calvet eran fabricantes de tejidos y encargaron al arquitecto un inmueble que tuviera almacén (planta baja), vivienda para los propietarios y varios pisos de alquiler (1). Interesa constatar que, mientras en Madrid se manifestaba el pensamiento reformador de la «Generación del 98», el mejor arquitecto catalán iniciaba la recuperación del estilo más denostado entonces por los intelectuales castellanos: el barroco (2).

Se ha dicho que esta nueva orientación era también «nacionalista», pues Gaudí se habría inspirado más en la arquitectura catalana del siglo XVIII que en la de otras regiones españolas. Pero lo más importante es tener en cuenta que el barroco, en general, era visto en aquellos años como un estilo libre, lleno de curvas y contracurvas. Utilizarlo como modelo, por primera vez en España, fue un atrevimiento inusitado que debemos relacionar con la moda ascendente del *art nouveau.* Parece que antes de adoptar el vocabulario naturalista y curvilíneo que venía de fuera, Gaudí intentó una versión personal de lo mismo recuperando con mucha libertad el estilo del pasado que más se parecía a la última novedad.

1

Símbolos y formas de la fachada

La Casa Calvet se corona con una doble espadaña mixtilínea, con remates de bolas y cruces (1). Estas formas parecen querer continuar en los laterales, como si Gaudí estuviese proponiendo construir también todo el frente de la calle. En las hendiduras de esas espadañas asoman tres cabezas de santos. Otros símbolos destacan también en la fachada: setas en la barandilla de la tribuna (el señor Calvet era micólogo y Gaudí quiso constatarlo), una «C» sobre la puerta que casi parece una «G» (inicial del propietario pero también, sutilmente, del arquitecto), un ciprés (alusión a la hospitalidad), etc.

Sentido del humor

El paso desde una decoración «realista» a otra más libre y mejor adaptada a las peculiaridades del cuerpo humano, se nota en algunos detalles de la Casa Calvet. Cuando usamos el llamador de la puerta principal, con forma de cruz, golpeamos el cuerpo de un chinche metálico (2). Los tiradores y las mirillas de las puertas que dan a la escalera son, por el contrario, pequeñas esculturas abstractas. Parece que se hicieron introduciendo la mano en una masa blanda de cera o de arcilla. A través de éstos y otros detalles Gaudí nos desvela otra faceta de su completísima personalidad: el sentido del humor.

El catalanismo romántico de Bellesguard

En 1900 proyectó Gaudí una vivienda señorial para María Sagués, viuda del comerciante Jaime Figueras. No estaba en el centro de la ciudad sino en las faldas del Tibidabo, en el mismo lugar donde se había ubicado la casa-castillo de Martín I el Humano (1356-1410). Este monarca, el último de la dinastía catalana, intentó hacer de Bellesguard una morada paradisiaca, con jardines exóticos cuidados por un especialista moro de Cerdeña. Allí contrajo matrimonio el rey con Margarita de Prades, en una ceremonia a la que asistieron el mismo papa Benedicto XIII y San Vicente Ferrer.

Se trataba, pues, de un lugar sensible para el «catalanismo romántico», y de ahí el cuidado exquisito con el que Gaudí se ocupó de este trabajo entre 1900 y 1909. El edificio es básicamente un poderoso cuerpo prismático almenado, con una torre-mirador y una gran pirámide a modo de techumbre (1). No parece un mero castillo militar ni tampoco un palacio, sino una mezcla fantaseada de las dos cosas. La torre se remata con una bandera catalana en espiral, corona real, y la cruz de cuatro brazos tan típica de Gaudí: todo ello apunta a la idea de homenaje o monumento al monarca medieval y a la nación catalana.

Extraña, a primera vista, que una cosa tan refinada fuese hecha para una clienta analfabeta. Pero la finca había pertenecido al obispo Grau y fue vendida después de su muerte a María Sagués; Gaudí suscribió el documento de compra, al no saber escribir la nueva propietaria. Parece, pues, que el prelado fallecido y el arquitecto se valieron de aquella rica mecenas, devota e ingenua, para llevar adelante una idea muy sutil de exaltación cristiana y nacional.

1

Refinamiento rústico

Los muros de Bellesguard están realizados con mampostería de piedra pizarrosa. Muchos elementos decorativos se recubrieron con diminutos fragmentos del mismo tipo de piedra utilizada en las paredes (1). Es la idea del *trencadís*, resuelta aquí con un material que acentúa el carácter rústico y «natural» de este edificio. Obsérvese que hasta los tubos de los desagües están recubiertos con el mismo material. La vaga referencia al estilo gótico se disuelve en la geología del lugar, haciendo parecer eterno un programa arquitectónico e ideológico que responde, en realidad, a las aspiraciones de un grupo social determinado.

La estructura interna y las techumbres

En Bellesguard, como en la mayoría de las obras de Gaudí, la lógica constructiva es incuestionable. La planta es un cuadrado riguroso, lo cual favorece una distribución de espacios internos casi modular. Las vigas de madera fueron sustituidas por arcos diafragmáticos de ladrillo que se dejaron sin enlucir en el espacio extraordinario de los desvanes (2). El «brutalismo» del arquitecto es deliberado, como si «la verdad» de la naturaleza contemplable desde este belvedere se correspondiese con la sinceridad expresiva y el rigor estructural de la arquitectura.

Experimentos y trabajos inconclusos: finca Miralles y restauración de la catedral de Palma de Mallorca

Uno de los proyectos más radicalmente ondulantes de Antoni Gaudí fue el muro de cierre y la puerta de entrada a la finca de Hermenegildo Miralles (1), en Sarriá, cerca de las caballerizas Güell. La obra es de hacia 1901-1902, y se corresponde con el momento de máximo apogeo del *art nouveau*. Miralles fabricaba losetas decorativas de cartón prensado, y Gaudí las utilizó en más de una ocasión. Ambos mantenían una buena amistad. Esto nos hace suponer que el delirante atrevimiento de esta pared respondiera plenamente a los intereses estéticos del arquitecto. La obra no llegó a terminarse, y falta, entre otras cosas, el nombre del propietario, que habría ido en una oquedad situada entre la puerta de carruajes y la de peatones.

Mayor complejidad tuvo la intervención de Gaudí en la catedral de Palma de Mallorca. El encargo provino del obispo Pedro Campins Barceló, otro reformador litúrgico, que quedó muy impresionado tras visitar la Sagrada Familia y hablar con su arquitecto. Lo que hizo Gaudí, a partir de 1903, fue trasladar el coro al presbiterio, construir un enorme baldaquino suspendido (2), diseñar vidrieras y dirigir la decoración de algunas zonas próximas a la cabecera. Entre sus colaboradores de aquel momento figuran los arquitectos José María Jujol y Juan Rubió, así como el entonces joven pintor Torres García. Todo aquello constituyó un interesante experimento «modernista» (en su doble sentido, artístico y religioso) que tropezó con la tozuda oposición de los canónigos conservadores.

No debe extrañarnos que las obras se paralizaran en 1915, tras la muerte del obispo promotor.

1 

2

Los enigmas de un paisaje: el Parque Güell

La relación entre Gaudí y Eusebio Güell alcanzó su momento más fructífero cuando este último encargó al arquitecto la ordenación de un «parque» en una zona conocida con el nombre de *Muntanya Pelada*. Las obras empezaron en 1900 y avanzaron al principio con gran celeridad: en 1903 estaban hechos los viaductos y se iniciaron los pabellones de la entrada; en 1906 se construyó la «casa de muestra» de la urbanización, que compró después Gaudí, y donde residiría hasta unos meses antes de su muerte; finalmente, entre 1907 y 1913, se completó toda la parte superior del llamado «templo griego» con el célebre banco ondulante de cerámica troceada. En este punto se abandonaron las obras dejando el conjunto, según se cree, definitivamente inacabado.

La mayor novedad de este encargo radicaba en la naturaleza misma del lugar: un amplio territorio, de unas quince hectáreas, en abrupta pendiente, árido y pedregoso; allí había cuevas, una especie de vaguada, y un manantial de agua mineral que el señor Güell comercializaría más tarde. Hubo, pues, que intervenir en gran escala sobre un paisaje natural mediterráneo, situado en las faldas de una colina desde la cual se veía casi toda la ciudad de Barcelona. Gaudí aisló la finca mediante una cerca y trazó los caminos interiores siguiendo un método singular: en vez de hacer los habituales «desmontes», construyó viaductos o puentes que salvaban con suavidad los intensos desniveles. No se trataba de erosionar la forma natural con la brutal acción humana, sino de superponer a la montaña organismos arquitectónicos que armonizasen con el paisaje. La sinuosidad de esos caminos no es, pues, caprichosa: Gaudí imitaba una vez más la estructura de la naturaleza, continuaba su obra, como si quisiera emular el comportamiento del mismo Dios.

Además de esto, el Parque Güell tiene unos interesantes pabellones flanqueando la entrada principal, un complejo monumental al fondo de una escalinata, y un calvario. Este último se sitúa en el punto más alto del terreno, sustituyendo a la ermita que se pensaba levantar al principio. La cuestion es saber para qué iba a servir todo aquello. Se ha dicho que Eusebio Güell quería hacer una «ciudad jardín», a imitación de las experiencias inglesas, pero los elevados costes de aquellas casas y el emplazamiento elegido hacían muy poco factible el éxito de una empresa similar. Puede que fuese concebido inicialmente como un parque particular, en el cual se recrearían simbólicamente los asuntos preferidos por el propietario y su arquitecto: cocodrilo del jardín de La Fontaine de Nimes (donde había estudiado en su juventud el señor Güell), el catalanismo, algunas óperas famosas, exaltada religiosidad católica, etc.

Pero en 1902 se produjo una gravísima revuelta obrera, y la burguesía catalana aplaudió el orden impuesto por el ejército «de Madrid». Aquello acabó con la fase optimista del catalanismo. Es probable que Eusebio Güell decidiera entonces disimular sus intenciones primitivas y reconvertir su parque en una «ciudad jardín». En este sentido fue un fracaso total, pues sólo él, Gaudí y el doctor Maxench se transladaron a vivir allí. Nunca tan pocas familias gozaron privadamente de una urbanización tan fabulosa como aquélla.

Disposición de los elementos

Las cosas que hay en el Parque Güell no tienen mucho sentido en una urbanización pública, pero sí parecen congruentes con la idea de una colonia selecta de seres unidos por los mismos ideales y sentimientos, en torno a un patronazgo privado. El nombre del mecenas está claramente presente en la entrada del lugar (1). La disposición de los elementos en la planta del parque (2) es la siguiente: 1, entrada; 2, gruta artificial y escalinata; 3, sala de las columnas griegas (mercado); 4, teatro griego o plaza al aire libre; 5, calvario; 6, casa de Eusebio Güell; 7, casa de Gaudí; 8, casa del doctor Maxench; A, B, C y D, viaductos y pórticos cubiertos.

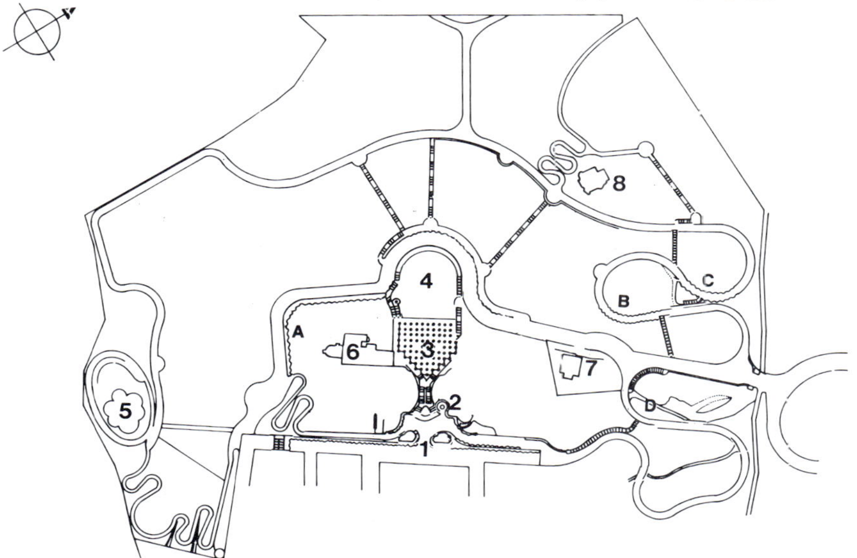

Pabellones de la entrada

La puerta principal del Parque Güell está flanqueada por dos pabellones de modesta escala pero de gran singularidad arquitectónica (2). Uno de ellos era la portería (1); el otro contenía una sala de espera y teléfono de uso comunal (3). Gaudí construyó los muros con el mismo tipo de piedra caliza empleado en los viaductos, pero recubrió las formas delirantes de los tejados con su característico *trencadís*. Esta arquitectura parece blanda y moldeable, como los sueños. Se ha dicho que los remates reproducen un tipo de setas muy venenosas: la cruz del pabellón de servicios «triunfaría» entonces sobre la muerte. Pero esta interpretación no es necesariamente incompatible con la posible alusión al escenario de *Hansel y Gretel*, una ópera que tuvo mucho éxito en la Barcelona coetánea.

2

La serpiente y el dragón

Enfrente de la entrada existe una escalera muy compleja de doble rampa, amenizada con extraños elementos decorativos: una cabeza de serpiente emerge en el centro de un escudo de Cataluña y vierte un chorro de agua sobre un pilóncillo inferior (1). Lo mismo hace un lagarto o dragón multicolor que está colocado más arriba (2). No sería raro que la serpiente representara a la mítica Pitón, protectora de las aguas subterráneas (no olvidemos el manantial salutífero que explotaba Eusebio Güell). La presencia del «templo griego», de cuyo aljibe procedía el agua derramada, reforzaría esta interpretación. El dragón debe relacionarse con el que figura en el escudo de Nimes, un asunto personal del señor Güell, que había cursado estudios en aquella ciudad francesa. ¿Se quiso reproducir también aquí a Ladón, el mítico guardián del Jardín de las Hespérides?

1

2

El «templo» y el «teatro» griegos

El amor por el arte y la cultura de la Grecia antigua era algo compartido por Güell y Gaudí; tal vez por eso se hizo, en el centro del Parque, una gran sala hipóstila con casi cien columnas dóricas (1). Se supone que allí iba a situarse el mercado de la «ciudad jardín», pero nunca llegó a cumplir esta finalidad utilitaria. Se trata en realidad de una especie de gruta arquitectónica que crea, sobre su techumbre, una plaza conocida con el nombre de «teatro griego»; el famoso banco corrido, de sinuosa planta ondulada, actúa también como barandilla convirtiendo la explanada en mirador (2). Las columnas suponen una interpretación casi humorística del verdadero orden clásico: el equino se hunde por el peso del arquitrabe, y las «gotas» de los triglifos son tan naturalistas que parecen estar a punto de caer. La transición con la montaña, en la parte de la plaza, es un excelente ejemplo de cómo entendió Gaudí el compromiso entre arquitectura y paisaje natural (3).

Ritmos naturales, caprichos y azares

Hacia la izquierda del teatro griego, yendo hacia el calvario, nos encontramos con un camino peatonal cubierto, cuya techumbre está sostenida por unas inauditas columnas helicoidales (1). Puede que Gaudí homenajeara así a algunos arquitectos del gótico levantino o que se inspirara en los troncos de los eucaliptos, pero ni una cosa ni otra explican del todo esta disposición. El respeto por la naturaleza se nota en detalles un tanto ingenuos, como ese tronco de algarrobo, torcido hacia afuera, que fue salvado al construir uno de los viaductos (2). La lavandera, con la cesta de la ropa en la cabeza, fue el resultado de un error del artesano al copiar una estatua griega (3). Resulta significativo que Gaudí lo diera por bueno, reconociendo el poder creador del azar.

3

Un «organismo»: la Casa Batlló

El Paseo de Gracia se iba convirtiendo ya a principios del siglo XIX en la gran avenida representativa de la nueva Barcelona. Gaudí comenzó a intervenir allí entre 1904 y 1906, cuando se ocupó de remodelar una casa de cinco pisos. Parece que su dueño, el industrial José Batlló, había pensado en un primer momento derribar la construcción preexistente, pero se decidió finalmente por encargar una reforma tan drástica que es imposible reconocer el edificio original (1).

Gaudí desmontó toda la fachada hasta la base del tercer piso y la rehizo con piedra de Montjuic. Esto le permitió rediseñar completamente la entrada y la planta primera, que estaba destinada a residencia familiar del propietario. Mediante un inaudito vocabulario de formas sinuosas dotó de una gran fluidez espacial a estos ámbitos interiores: los límites entre las paredes y el techo están completamente diluidos; las habitaciones adoptan plantas curvilíneas irregulares, como si fueran las células de un organismo vivo más que elementos convencionalmente arquitectónicos (2); el mobiliario, diseñado por el propio arquitecto, se integraba en cada lugar reforzando la sensación de que todo era flotante y vagamente amebiforme. Esta casa tuvo también una capilla que se cerraba con grandes portalones, una constante de Gaudí tras haber inventado este recurso en el Palacio Güell.

El patio interior fue cubierto con un aplacado de azulejos blancos y azules haciendo que las partes inferiores, que reciben menos luz, tuvieran las baldosas más claras que las altas; para reforzar este deseo de que todos los inquilinos de los pisos de alquiler tuvieran «la misma luz», hizo que las ventanas fueran aumentando su tamaño a medida que se desciende.

Pero la Casa Batlló fue un verdadero grito urbano debido a su aspecto exterior. Gaudí mandó a los obreros picar el muro del Paseo de Gracia para producir en él suaves entrantes y salientes. Todo ello lo recubrió con fragmentos de cerámica y con cristales multicolores (1). La luz matinal se estrella sobre este frente disolviendo las formas y haciendo penetrar al espectador en un mundo de mágica ensoñación. A ello contribuyen también las vagas referencias figurativas que percibimos a un nivel casi inconsciente: el tejado irregular cubierto de «escamas» nos recuerda a un animal fabuloso (monstruo o dragón); los balcones están cubiertos con rejas de chapa metálica que adoptan formas cartilaginosas; la zona inferior de la fachada, finalmente, está esculpida de tal modo que los amplios ventanales parecen vísceras o huesos medio descarnados. Esto ha permitido hacer una lectura religiosa de la casa, pues la cruz de cuatro brazos, en la torrecita del tejado, podría significar el triunfo cristiano sobre «el maligno». Otra alusión, en fin, a la lucha de San Jorge (patrón de Cataluña) contra el dragón.

Pero nada de ello es, sin embargo unívoco ni demasiado explícito. Tal vez por eso gentes de procedencia remota y cultura contrapuesta pueden sentir ante una obra como ésta el mismo grado de emoción. El genio de Gaudí resplandece cuando comparamos la Casa Batlló con la Casa Amatller (1898-1900), situada a la izquierda (1), una obra importante de Puig i Cadafalch.

1

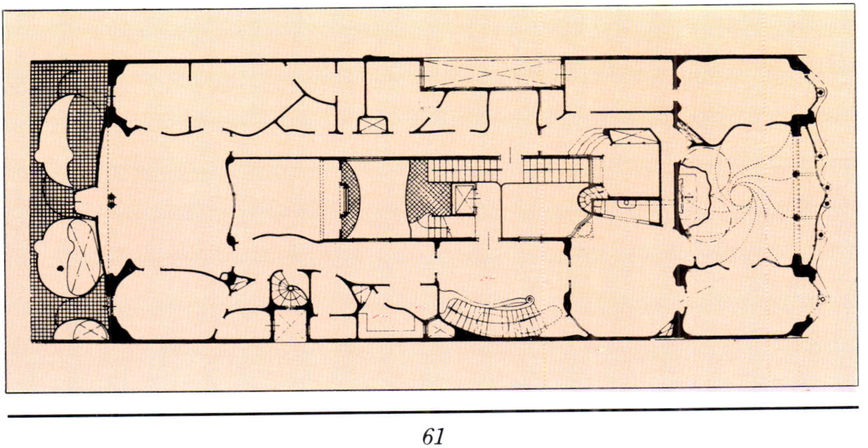

2

Huesos y vísceras

El tejado irregular de la Casa Batlló ha sido comparado muchas veces con el espinazo de un dragón o lagarto fabuloso (1). Pero ya hemos dicho que no es una representación literal: aunque las tejas son escamas verdosas, la cornisa está constituida por una especie de espinazo articulado, como si el espantoso animal mostrase hacia afuera una parte de su esqueleto. Algo parecido encontramos en la barandilla de la escalera principal (2). Estas vértebras de madera nos hacen fantasear con la posibilidad de que estemos moviéndonos dentro de un cuerpo vivo. Se diría que hemos regresado al útero materno o que hemos sido ingeridos por un monstruo, y contemplamos las vísceras y la estructura ósea de su anatomía interior.

Como un palacio sumergido

Cuando la fachada de la Casa Batlló estaba ya «esculpida», Gaudí dirigió, desde la acera, la delicada operación de ordenar qué fragmentos de vidrio y cerámica debían colocarse en cada lugar. Las ondulaciones del muro y los circulos «flotantes» nos hacen pensar en un estanque de agua. Esta aniquilación ilusionista de la solidez mural parece la consecuencia arquitectónica de las *Ninfeas* pintadas por Manet. La sensación de que ésta es una arquitectura acuática viene reforzada por la similitud con algas que tienen los hierros de las ventanas altas (1) y por la apariencia de grutas submarinas, con paredes suavemente erosionadas, que ofrecen los balcones. También la lámpara del salón principal surge en el centro de un remolino (2). Parece que Gaudí nos ha representado la arquitectura de un mundo sumergido, como si hubiera querido rehabilitar, con otro registro, el mito de la Atlántida.

Un pedestal geológico: la Casa Milá

Nada más terminar la Casa Batlló (1906) empezó Gaudí las obras de otro inmueble burgués situado en la confluencia entre el Paseo de Gracia y la calle de Provenza. La propietaria del terreno era Rosario Segimón, natural de Reus y viuda de un rico indiano; en 1903 se había casado en segundas nupcias con el negociante barcelonés Pedro Milá, y fue éste quien, tras una visita a los Batlló, eligió al paisano de su mujer como arquitecto. El solar era muy amplio, y Gaudí desarrolló una primera idea según la cual una rampa en espiral habría permitido a los automóviles llegar hasta los pisos más altos.

La solución definitiva se alejó de esos delirios futuristas: entre dos patios interiores y la fachada situó una serie de «células» irregulares (véase pág. 14), algo que sólo fue posible al haber adoptado una estructura de pilares sustentantes, muy avanzada para aquella época. La «planta libre» propugnada por Le Corbusier y por todos los grandes maestros del Movimiento Moderno tiene ya aquí una temprana aparición. Pese a esto, el carácter de la Casa Milá y el modo como se construyó certifican el conocido amor de Gaudí por los procedimientos artesanales. De la fachada principal se hicieron muchas maquetas, siendo de tamaño natural las de cada una de las piezas de piedra que se habrían de tallar. La ejecución fue muy laboriosa, con continuos reajustes a pie de obra para cada sillar, lo cual se tradujo en un coste global desmesurado para este tipo de residencias.

A nadie le importó demasiado, pues tanto el propietario como el arquitecto eran conscientes de que estaban haciendo «una obra de arte». También lo entendió así el ayuntamiento: en 1910, terminadas las obras, se le perdonó a Gaudí el incumplimiento de la normativa de edificación (excedía el volumen de cons-

1

trucción autorizado y los pilares invadían la acera) declarando esta casa obra de interés artístico. El resultado, en efecto, había dejado estupefacta a toda la ciudad (1): las formas seguían siendo ondulantes, pero en vez de la leve fluidez típica del *art nouveau,* los espectadores percibían una montaña de piedra rugosa, llena de oquedades, e invadida por los agresivos arbustos de hierro martilleado que servían de antepecho a las ventanas. Como el acabado escultórico de la casa se había hecho con las piedras ya colocadas, los barceloneses llamaron a este edificio «la pedrera» (cantera), certificando para siempre su naturaleza geológica y reconociendo su voluntad monumental. Tampoco faltaron las reacciones humorísticas a propósito del hipotético destino futuro de aquella rareza arquitectónica (2). Si la Casa Batlló evoca lo acuático y lo visceral, esta otra, a unos metros de distancia, es un canto a la inmutabilidad de la roca y a la aridez de la tierra mediterránea.

Es muy interesante que el edificio estuviera destinado a soportar un gran grupo escultórico de la Virgen del Rosario con San Miguel y San Gabriel. Parece que la maqueta, de Carlos Mani, no gustó al propietario, pero también es verdad que en 1909, durante la denominada «semana trágica», se produjeron incendios de iglesias y conventos; lo más probable es que el señor Milá no creyera conveniente atraer las iras revolucionarias futuras resaltando el contenido religioso de esta obra «civil». Una rosa estilizada y un fragmento latino de la salutación del ángel a María, sustituyeron al proyectado monumento. La Casa Milá quedó así como un gigantesco pedestal truncado, soportando sólo el prodigio abstracto de su propia techumbre. Esas formas parecen de fuego, como si se enroscaran en los aires. Gaudí es ya expresionista porque ha transcendido la «gracia» del modernismo con este intento desmesurado de conectar la tierra con el cielo.

2

Evocando a Montserrat

Se ha intentado localizar el modelo paisajístico concreto que pudo haber inspirado la fachada de *La Pedrera*. Pero ya sabemos que Gaudí no copiaba servilmente la naturaleza, sino que seguía sus ritmos o los evocaba de un modo «original». Cuando acabaron los trabajos de esta casa el arquitecto se llevó a los obreros a Montserrat, corriendo con todos los gastos. Así es como quiso agradecer los favores de su protectora celestial indicándonos, de paso, a dónde debíamos mirar para entender el sentido global de su construcción. Los sillares no están pulidos sino cuidadosamente «granulados» (1 y 2): su apariencia es similar a la de las rocas graníticas erosionadas por el viento. Gaudí hizo que el santuario nacional de Cataluña, con sus grutas y sus «misterios», se injertara en el corazón mismo de aquella Barcelona en expansión.

Sumideros celestiales

Sorprendentes cascos de guerreros medievales rematan las chimeneas, y seis inmensas protuberancias indefinibles albergan los depósitos de agua y las salidas de las escaleras (1). Todo ello en una terraza llena de altibajos, construida sobre unas buhardillas con arcos catenáricos (una cadena auténtica sirvió para dibujar todas las cimbras). Así es la techumbre de la Casa Milá, el sitio donde la inventiva de Gaudí alcanzó su máxima intensidad. Pero aunque estas formas parezcan anticiparse a lo mejor de la escultura surrealista, no debemos verlas como meros caprichos abstractos: en los remates se concretizan algunas cruces y el color del *trencadís* es el blanco (1 y 2). Tal vez sean remolinos de viento, nubes, rompimientos de gloria, pivotes de ángeles, verdaderos sumideros celestiales que habrían acompañado al monumento a la Virgen que nunca se llegó a colocar.

6

«Una torre que llegue hasta el cielo»

EL CONOCIDO episodio bíblico de la Torre de Babel indica que una de las aspiraciones ancestrales del ser humano ha consistido en levantar un gran edificio «cuya cumbre llegue hasta el cielo». Tal pretensión era desmesurada y por eso ha servido para representar al orgullo humano, empeñado inútilmente en emular a Dios. Conociendo el pensamiento religioso de Gaudí, es poco probable que haya intentando «rehacer» conscientemente la mítica Torre de Babel. Pero hay muchos indicios de que el asunto le fascinó: toda su obra parece una lenta evolución, un conjunto de tanteos encaminados a definir y a materializar el proyecto perfecto, una obra «culminante»; ésta sería un edificio muy elevado, a modo de monte artificial, alzándose majestuoso hacia los cielos.

Se trataba de un sueño arquitectónico fantástico y perturbador, que Gaudí justificó con la consabida coartada religiosa: la gran torre no se haría a la gloria del hombre sino a la de Dios. Contendría una promesa de salvación para «los que viven en el error» (Misiones Franciscanas de Tánger), para quienes se afanan trabajando en una sociedad ideal (Capilla de Santa Coloma de Cervelló), o para todos los pobres y desamparados de la gran ciudad (Sagrada Familia). Así es como la Torre de Babel se transmutaba en Templo, enseña propagandística de la religión y plegaria dirigida al Creador.

Parece que el arquitecto era consciente de la dificultad material de concretizar ese sueño: tras el fracaso de su proyecto para Tánger mostró mayor predilección por los bocetos «impresionistas», ideas provisionales que se irían definiendo a medida que las necesidades constructivas lo exigieran. Esta acuarela para la Capilla de Santa Coloma da una buena idea del estadio «preliminar» en el que situaba su especulación (1). Pero resulta significativo que se decidiera por acabar un cuerpo vertical de la Sagrada Familia (fachada y torres del Nacimiento), en vez de cubrir un espacio litúrgico aprovechable. También es muy revelador lo que sabemos sobre un gigantesco hotel, totalmente «profano», proyectado para Nueva York. Si se hubiera construido habría superado a todos sus trabajos religiosos. Vemos que Gaudí participó del deseo común a muchos grandes arquitectos de la historia: alzar por todos los medios la fantaseada Torre de Babel.

1

Las Misiones Católicas de Tánger

Claudio López Bru, segundo marqués de Comillas, fue mucho más propenso que su padre a financiar actividades religiosas y patrióticas de distinta índole. Una de sus más singulares empresas consistió en apoyar la construcción de un complejo edificio destinado al convento y escuela que los franciscanos habrían de tener en Tánger. El encargo recayó en Antoni Gaudí, que se documentó bien haciendo un viaje a esta ciudad africana, pasando por Málaga, el año 1891. Durante más de un año trabajó con ahínco en este proyecto que ya estaba acabado en octubre de 1893. Gaudí concibió un poderoso organismo centralizado rodeado por fuertes murallones y por un foso protector. El corazón de la misión sería la iglesia, que habría de estar rematada por altísimas torres parabólicas cuyo diseño se anticipaba a las de la Sagrada Familia (1). Todo aquello habría de parecer una «corona de la fe» resplandeciendo en la tierra del infiel. Las dificultades financieras del marqués, unidas a un cierto desinterés por parte del gobierno español, hicieron que esta idea no pasara nunca del papel. Pero fue muy importante para Gaudí: al concebir aquel conjunto se inspiró en edificios africanos primitivos, apartándose por primera vez de los repertorios habituales del eclecticismo.

1

1

2

Reconstrucción de una idea

Gaudí lamentó siempre no haber podido materializar su proyecto para Tánger. Un dibujo del mismo presidió su taller hasta que el incendio de 1936 destruyó el archivo; todo lo que sabemos de este trabajo procede, pues, de un par de viejas fotografías. De ellas y del estudio profundo de otras obras de Gaudí ha partido el arquitecto japonés Tokutoshi Torii para intentar una reconstrucción del lugar y del volumen que habría ocupado el edificio en Tánger (1), así como para dibujar varias plantas detalladas (2) y secciones. Basándose en el simbolismo de la cruz, Gaudí concibió aquí la primera de sus utópicas «montañas sagradas».

¿De Gaudí o «gaudinista»? El hotel para Nueva York

El más misterioso de todos los proyectos de Gaudí es también el más gigantesco y el único que concibió para clientes no españoles. Se trata de un edificio, de unos 360 metros de altitud (1 y 2), que habría de levantarse en Nueva York. Todo lo que sabemos de esta idea procede de una memoria descriptiva, con dibujos, firmada por Juan Matamala en 1956. Este era hijo de Lorenzo, escultor de la Sagrada Familia y amigo íntimo de Gaudí. Es evidente que pudo haber conocido muchos de los tanteos e iniciativas fallidas del arquitecto, aunque es dudoso que, sirviéndose sólo de su memoria, haya podido recordar tantos detalles de un proyecto que nadie, salvo él, parece haber llegado a conocer.

Matamala dice que unos financieros norteamericanos visitaron a Gaudí en mayo de 1908. Tras entusiasmarse con su obra acabaron encargándole un rascacielos que serviría como hotel, restaurante, museo de curiosidades y monumento a la nación americana. Gaudí lo habría concebido como una ampliación colosal de las torres de la Sagrada Familia, empleando un lenguaje plástico similar al de la Casa Milá, que estaba entonces en construcción. Su carácter habría sido completamente «laico», un homenaje a los valores de una sociedad basada en la democracia y en el poder del capital. Si esta torre se hubiera construido en Nueva York (la moderna Babilonia) puede que hubiese cambiado el destino de la arquitectura occidental.

Pero persisten las reticencias sobre su autenticidad. Lo más probable es que Juan Matamala haya especulado con algún fundamento, aunque remoto. Sobre débiles indicios y vagos recuerdos pudo haber inventado un «proyecto», que quizá nunca existió como tal. Así presentaba al gran arquitecto catalán, en el trigésimo aniversario de su muerte, como un genio verdaderamente «intercontinental».

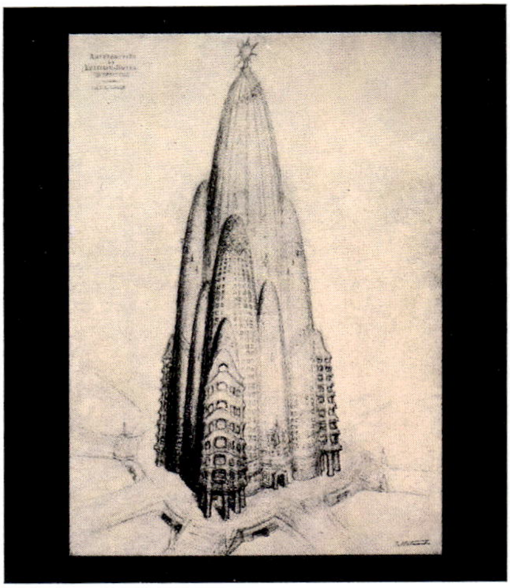

1

2

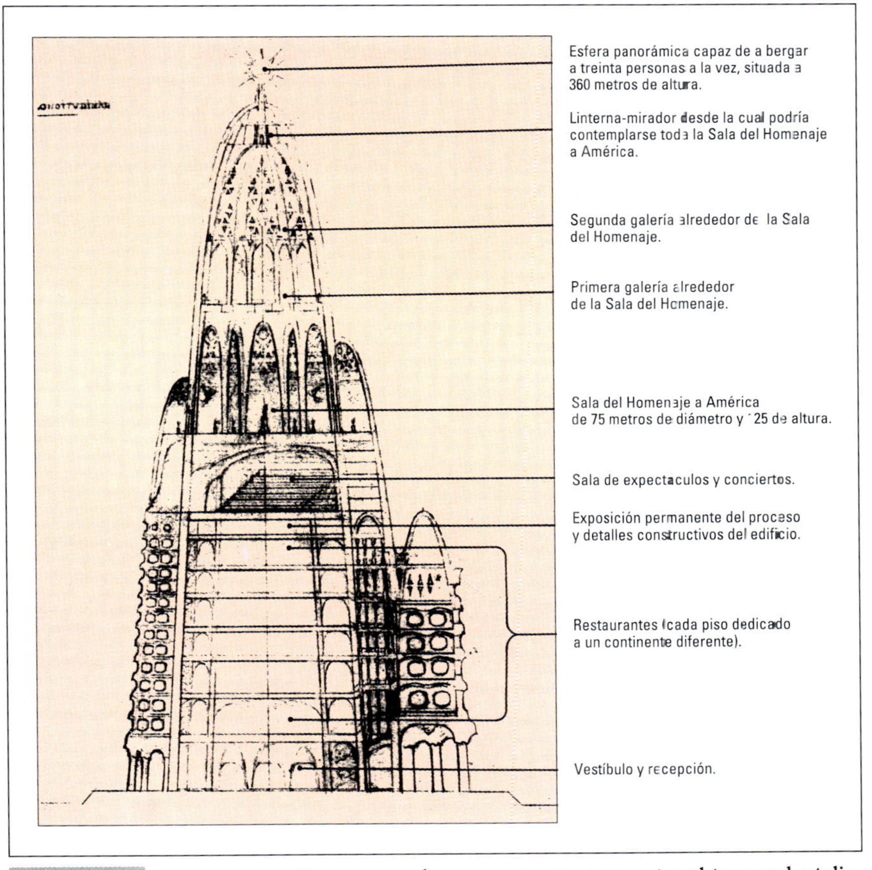

1

Las funciones del rascacielos

Parece que los promotores del hotel neoyorkino dieron a Gaudí mucha libertad para decidir la forma y disposición del edificio. Los dibujos de Matamala nos muestran una especie de conoide parabólico rodeado por otras torretas menores, como si todo ello fuera una versión más compacta del cimborrio de la Sagrada Familia. Pero aunque las formas sean similares, el espíritu de ambos proyectos es contrapuesto: al trascendentalismo religioso de la iglesia de Barcelona se le opone el sentido lúdico de cada uno de los espacios del hotel americano (1). Es obvio que este edificio habría servido para exaltar lo puramente terrenal. Gaudí, pues, era un hombre complejo, y no lo podemos reducir al cliché de una especie de místico que nos transmitieron los herederos de su trabajo en la Sagrada Familia.

La utopía paternalista de la Colonia Güell

Ya hemos visto que Gaudí, aún antes de terminar la carrera, estaba vinculado profesionalmente con la Cooperativa Obrera Mataronesa. Pues bien, uno de sus últimos trabajos consistió en diseñar la iglesia de otra comunidad obrera, promovida esta vez por Eusebio Güell. Aunque ambas obras sean muy diferentes y estén separadas por más de veinte años, demuestran la constante preocupación de Gaudí por la «problemática social».

Los Güell poseían una finca en Santa Coloma de Cervelló, a unos 15 kilómetros de Barcelona, y decidieron crear en ella una fábrica de tejidos con viviendas para los obreros y ciertos servicios comunes. La primera idea data de 1882 pero el programa ideológico de la Colonia parece haberse ido definiendo poco a poco, hasta que sus propietarios (que nunca fueron los obreros) pudieron presentarla como un ejemplo alternativo ante las amenazas revolucionarias del momento. Algunos datos jalonan esta evolución: en 1891 se inauguró una nueva máquina de vapor en la fábrica textil de la Colonia y al año siguiente se creaba allí una tenencia parroquial dedicada al Sagrado Corazón; sabemos que a partir de entonces la familia Güell visitó esta finca con alguna frecuencia.

Gaudí recibió el encargo de construir una nueva capilla hacia 1898. En los años siguientes la Colonia de Santa Coloma fue adquiriendo los elementos (muchos de ellos simbólicos) que permitieron a ciertos sectores católicos progresistas presentarla como una «ciudad ideal»: cooperativa de consumo, escuelas, cofradías, orfeones, ateneo recreativo, etc. Así es como los Güell, burgueses ilustrados, fantasearon con la posibilidad de conjurar la amenaza de la lucha de clases mediante la creación de una comunidad de trabajadores, separados de la gran urbe, y apiñados en torno a un fuerte centro religioso. Gaudí puso un gran ardor personal en el proyecto, pero aunque sólo pudo terminar una pequeña parte, nos legó con la cripta (1908-1915) una de las obras más intensas de toda la arquitectura universal (1).

1

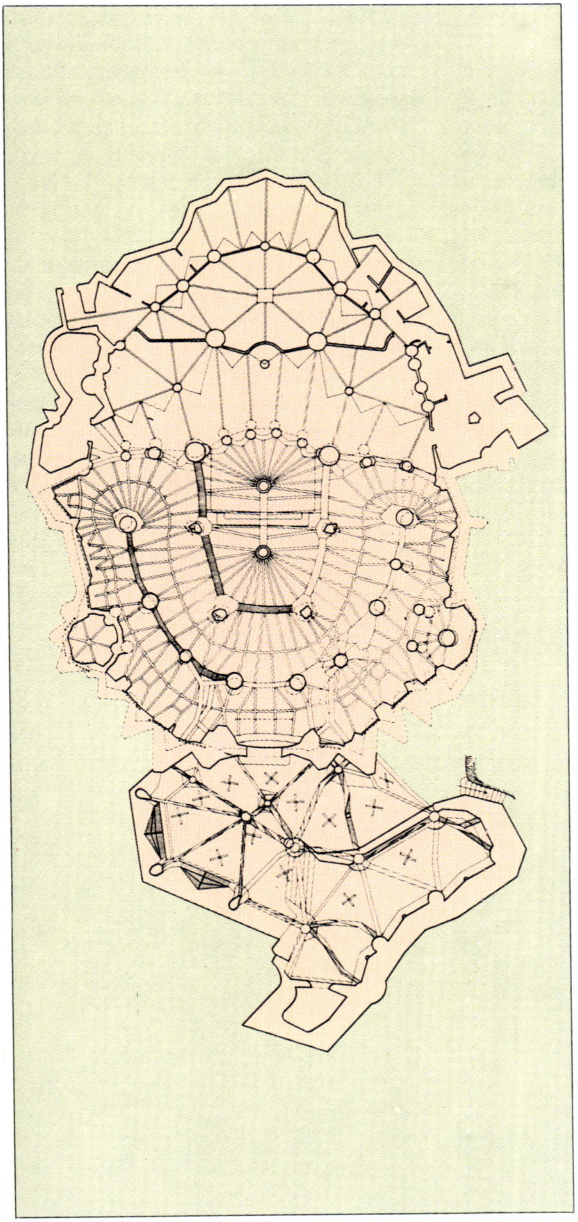

Un gótico «natural»

La planta de la cripta de la Colonia Güell tiene cierta semejanza con las estructuras neogóticas (1), tan frecuentes a finales del siglo pasado en los edificios religiosos. Pero los nervios no siguen direcciones regularmente geométricas, ni tampoco todos los pilares cargan del mismo modo la presión de la techumbre. El espacio de esta capilla está condicionado por la forma como se enlazan las ramas de los bosques o por la apariencia de la grutas. Gaudí demostró que para alcanzar la máxima lógica estructural podía ser necesaria una interpretación asimétrica y «natural» (*original*, según su terminología) de un estilo medieval.

La maqueta suspendida

Aunque Gaudí recibió el encargo de Santa Coloma de Cervelló hacia 1898, la primera piedra de la capilla no se colocó hasta el 4 de octubre de 1908. Durante estos diez años, y aun después de iniciadas las obras, dedicó muchas horas de trabajo a preparar y corregir el proyecto. ¿Cómo se explica tanta dedicación a un edificio relativamente menor como éste?

Eusebio Güell otorgó a Gaudí una gran libertad; al tratarse de una capilla «privada», situada fuera de la ciudad, el arquitecto pudo dedicarse a experimentar poniendo a punto soluciones totalmente alejadas de la práctica arquitectónica habitual. Siempre se ha dicho que aquí se ensayaron procedimientos y formas que Gaudí pensaba aplicar en la Sagrada Familia.

Esta pequeña iglesia es, pues, como una especie de modelo reducido del gran templo expiatorio que se levantaba en la capital, y resulta fascinante comprobar que su autor dedicó más energías a la confección de una maqueta de la capilla que a la obra propiamente dicha. La idea del edificio perfecto va surgiendo poco a poco como resultado de numerosos tanteos empíricos que no se verifican en la mesa de dibujo, en el plano, sino en el espacio tridimensional. Gaudí dijo en una ocasión que la inteligencia angélica comprende directamente la complejidad de los problemas espaciales, a diferencia de los seres humanos que sólo pueden aprehenderlos parcialmente mediante su resolución matemática. Esto explica su obsesión por diseñar a partir de formas reales más que de dibujos. Con la construcción no se trataría de dar entidad física al espacio

1

2

abstracto del plano, sino de reproducir analógicamente la estructura y la forma de la maqueta.

En ningún otro caso se ve todo con tanta claridad como en la Capilla de la Colonia Güell, para la cual hizo construir Gaudí un insólito «modelo suspendido»: después de haber dibujado la planta en un gran tablero, fue colgando cordeles de distinta longitud cuyos extremos se fijaban en la base de los pilares. De muchos de estos arcos catenáricos arrancaban otros subsidiarios, de forma que un fantástico edificio-torre aparecía ante la mirada definido por sus líneas de fuerza, aunque colocado cabeza abajo (1). Gaudí ató numerosos saquitos (contenían una cantidad variable de perdigones) a los lugares donde habrían de confluir las cargas de la obra, y así es como, de una manera experimental, prentendía calcular las presiones reales que cada parte de la capilla debería soportar (3). Esta maqueta tenía cuatro metros de alto, y fue preciso construir un cobertizo especial para montarla. La elaboración de la misma fue muy lenta y dificultosa, pues al modificar un elemento cualquiera (longitud de un cordel, peso de algún saquito, etc.) se hacía necesario recomponer todos los demás.

Gaudí cubrió con papel algunas partes de la armadura de cuerdas, para ver el efecto, y mandó hacer numerosas fotografías de la misma. Sobre estas fotos pintó diversos bocetos para obtener una idea en perspectiva del volumen exterior (1 y 2) y de la apariencia interior (3 y 4). La maqueta quedó abandonada cuando los trabajos de la capilla se interrumpieron en 1915. Sus últimos restos, junto con numersos dibujos de Gaudí, fueron destruidos en 1936.

3

4

Espacio cueviforme y brutalismo

No sabemos con seguridad si la cripta de Santa Coloma de Cervelló iba a servir como sepultura para la familia Güell, pero si ésta hubiera sido la primera idea, se explicaría algo mejor la brutalidad geológica de ese espacio. Los cuatro pilares centrales, de basalto, apenas desbastados, se inclinan hacia adentro (1 y 2). Una compleja maraña de nervaduras de ladrillo hace que las formas nos parezcan a la vez lógicas y torturadas. La iluminación natural es escasa, y va disminuyendo a medida que avanzamos hacia el altar mayor. Ésta es nuevamente otra gruta artificial, un lugar para sentir la presencia terrorífica (y también acogedora) de la madre tierra.

Símbolos

En el año 1905 un muchacho de la Colonia Güell tuvo un grave accidente laboral. La amputación de sus dos piernas pudo evitarse por la generosa donación de fragmentos de su piel que hicieron 43 obreros de la fábrica, el sacerdote, y don Santiago Güell. Estos donantes figuraron luego en el escudo de la parroquia como abejas en torno al Sagrado Corazón, y fueron inmortalizados por Gaudí en las ventanas de la cripta, cuyas rejas hexagonales parecen auténticos panales (1 y 3). Otras figuraciones simbólicas conllevan diversos sentidos encabalgados: la sierra, en el pórtico de entrada (2), representa al trabajo, a San José, y también nos remite a Montserrat (etimológicamente «monte serrado»). Junto a las ventanas exteriores están las letras griegas «alfa» y «omega», pero una de estas últimas se ha convertido en una mariposa (1 y 3), como si se estuviera aludiendo de un modo «simbolista» a la promesa cristiana de la resurrección.

7

La catedral de los pobres

HACIA 1910 la carrera de Gaudí llegó a un punto culminante: la Casa Milá estaba casi terminada, trabajaba en la Catedral de Mallorca, en la Colonia de Santa Coloma, en el proyecto de hotel para Nueva York, y alcanzaba una creciente notoriedad por las obras de la Sagrada Familia. Ese mismo año se celebró en el Grand Palais de París una gran exposición con maquetas y fotografías de sus principales edificios. La muestra fue muy alabada por la crítica, pero Gaudí no quiso visitarla. Puede que esta actitud se debiera a la sencillez, casi monacal, de los últimos tiempos de su vida, aunque no debemos olvidar sus importantes problemas de salud: en la primavera de 1910 Gaudí sufrió una aguda crisis depresiva; su aspecto era melancólico, perdió el apetito, y nada parecía interesarle. Al año siguiente contrajo unas fiebres de Malta de tanta gravedad que, creyendo morir, hizo testamento. Ya hemos dicho que su sobrina Rosa Egea falleció en enero de 1912 cuando contaba solamente 36 años de edad.

Todos estos acontecimientos trazaron una especie de frontera en la biografía de Gaudí: a partir de entonces ya no aceptó más encargos, reduciendo su actividad profesional a la Sagrada Familia. Allí pasaba todo el día, rodeado de un pequeño grupo de colaboradores que lo veneraban, considerándolo un artista insuperable y una especie de santo. Entre ellos estaba el escultor Lorenzo Matamala, quien dejaba a su propia familia muchas noches para acompañar a Gaudí en su solitaria casona del Parque Güell. La identificación del arquitecto con *su* templo expiatorio llegó a ser total: allí vivió, incluso, los últimos meses de su vida, durmiendo en un modesto lecho instalado en un rincón del estudio. Antoni Gaudí murió el 10 de junio de 1926 como consecuencia de un accidente callejero: atropellado por un tranvía, fue llevado al hospital de la Santa Cruz, sin que nadie sospechara que aquel anciano andrajoso era el arquitecto de la Sagrada Familia. Su entierro, en la cripta de este templo, constituyó una impresionante manifestación de duelo, como si toda la ciudad fuese plenamente consciente de que despedía a una de las figuras más señeras de la «Cataluña universal».

Como vemos, la última etapa de Gaudí se vincula exclusivamente a la Sagrada Familia, aunque en realidad había estado trabajando allí durante toda su vida profesional. Las modificaciones de este proyecto reflejan, de hecho, todos los cambios experimentados por el arquitecto, desde el eclecticismo de los primeros años hasta el expresionismo apasionado del final.

La idea de construir en Barcelona un «templo expiatorio» fue promovida por el librero José María Bocabella, quien había fundado la «Asociación Espiritual de Devotos de San José». A finales del siglo XIX algunos sectores de la Iglesia estaban empeñados en fomentar la devoción a la Sagrada Familia como una alternativa cristiana a las ideologías socialistas y anarquistas. El templo surgiría, pues, con el propósito tácito de «expiar», tanto los pecados del egoísmo burgués como los del extremismo ateo de algunas corrientes. Es significativo que en una célebre pintura de J. Mir la Sagrada Familia, en construcción, apareciese como la «catedral de los pobres». La iglesia se inició en una manzana del ensanche, alejada entonces del centro de la ciudad, colocándose la primera piedra el día de San José (19 de marzo) de 1882. Los planos iniciales eran del arquitecto diocesano Francisco de Paula del Villar, pero una disputa entre éste y su colega Juan Martorell, asesor de Bocabella, condujo a la dimisión del primero. Martorell recomendó entonces como sucesor a su joven protegido Antoni Gaudí, quien asumió la dirección de los trabajos hacia 1883.

Las obras avanzaron lentamente durante los años siguientes. Como ya se había iniciado la cripta, Gaudí continuó al principio con el tipo de diseño neogótico propuesto por Villar. Pero muy pronto introdujo modificaciones radicales. En 1891 estaban trazadas las líneas maestras de un proyecto grandioso, bastante diferente del inicial; se trataba de una iglesia de cinco naves con tres fachadas y una multitud de torres con gran contenido simbólico. El arquitecto definió de la siguiente manera su orientación estilística: «Armonizaremos la traza gótica que condicionaba el plan de mi antecesor... con soluciones originadas en el estilo bizantino que se ajustan a la liturgia católica actual.» Pero sabemos por lo construido que esta fusión de dos estilos tradicionales iba a ser, en realidad, una invención sublime, absolutamente personal.

Después de la cripta, Gaudí hizo el ábside con pináculos góticos muy elevados. En 1893, ya finalizada esta parte, se planteó cómo continuar: «No es posible a una sola generación —dijo— construir el templo: dejemos, pues, una muestra tan vigorosa de nuestro paso, que las generaciones futuras sientan el estímulo de hacer otro tanto; por otra parte no debemos atarles para el resto de la obra.» Consecuente con este lúcido pensamiento, renunció a levantar un poco todo el perímetro de la iglesia y concentró sus esfuerzos en la fachada este, dedicada al nacimiento e infancia de Cristo.

Hacia 1903, terminada ya la puerta propiamente dicha, inició las cuatro torres, dejándolas casi acabadas en el momento de su muerte. Mientras avanzaban estos trabajos concibió la primera imagen «definitiva» del Templo, tal como se deduce de un dibujo de su colaborador Rubió, publicado en 1908.

Esto, más un número ciertamente considerable de maquetas y bocetos parciales, ha permitido a otros arquitectos proseguir con las obras del último edificio de Gaudí, que seguirá durante mucho tiempo inacabado.

La planta y el marco urbano

Cuando Gaudí asumió la dirección de la Sagrada Familia, ya se habían puesto los cimientos de la cabecera. Aunque no pudo cambiar mucho esta parte, sí concibió una ampliación en el número de naves (pasaban de tres a cinco), y en la longitud de los brazos del crucero (2). Se dice que Gaudí fijó la planta definitiva y el rico simbolismo de este edificio después de un riguroso ayuno cuaresmal que estuvo a punto de causarle la muerte en 1894. Su templo habría de elevarse majestuoso como una cordillera mística; para acceder a sus tres fachadas se ascendería por amplias escalinatas; un claustro de planta rectangular permitiría dar la vuelta al edificio, pasando por el interior de las fachadas, las dos sacristías, la capilla de la Asunción, el baptisterio y por la capilla de la penitencia.

Con ocasión del plan urbanístico para Barcelona elaborado por León Jaussely (1905), Antoni Gaudí previó la creación de tres plazas triangulares que formarían una especie de estrella irregular en torno a la Sagrada Familia (1): así conciliaba la visibilidad ideal de las fachadas (en diagonal) con el simbolismo irradiante de la fe plasmado en el plano de la ciudad.

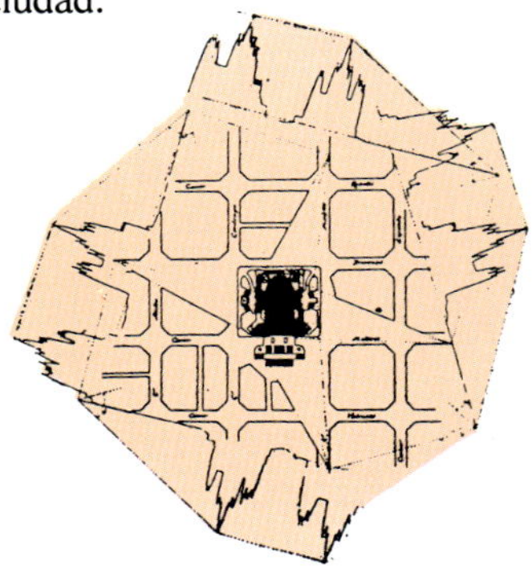

2

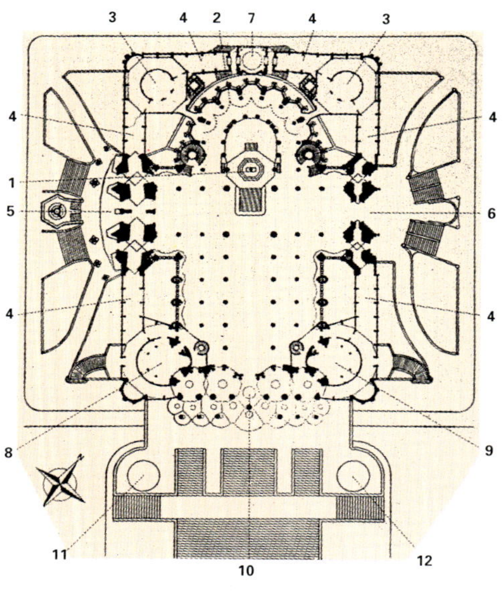

1. Altar mayor (debajo del espacio comprendido entre la torre de la Virgen y la del Salvador).
2. Siete capillas absidales dedicadas a los sufrimientos y gozos de San José.
3. Sacristías.
4. Claustro alrededor de toda la iglesia.
5. Fachada de la Pasión.
6. Fachada del Nacimiento.
7. Capilla de la Asunción.
8. Baptisterio.
9. Capilla de la penitencia.
10. Fachada de la Gloria.
11. Surtidor de unos 20 metros (río de agua viva).
12. Antorcha (columna de fuego que guió al pueblo de Israel).

1

2

Un bosque de torres

Pocas cosas dan una idea tan acabada del genio arquitectónico como una somera comparación entre el proyecto para la Sagrada Familia que había elaborado F. P. del Villar (1), y el que tenía previsto Gaudí en el momento de su muerte (2). En este dibujo en perspectiva (elaborado por Francisco Valls) se aprecia bien cómo las dos enormes torres centrales, dedicadas a la Virgen y al Salvador (de 178 metros de altura), habrían de estar rodeadas por otras cuatro, algo menores, dedicadas a los evangelistas, y por otras doce más (los apóstoles) en las tres fachadas. A ello se añaden los remates de las capillas menores y sacristías. Gaudí imaginó que todo se recubriría con azulejos y se pintaría con brillante policromía. Se trata de una utopía arquitectónica inquietante y colosal que hace vibrar la sensibilidad y captura cualquier imaginación.

La fachada del Nacimiento

Una vez determinada la estructura general de la Sagrada Familia, Gaudí decidió construir la fachada del Nacimiento, orientada hacia el este (ver página 86, 1). Se diría que el arquitecto creyó necesario vincular la evolución constructiva del templo con la historia misma de la redención cristiana: así, a la Natividad e infancia de Cristo le seguiría cronológicamente su pasión y muerte (fachada oeste); lo último en construir sería la fachada principal, dedicada a la Resurrección y a la salvación de la humanidad.

Gaudí se inspiró en las catedrales medievales, con tres puertas que dan acceso a cada una de las naves del crucero. Pero la forma ojival subyacente parece haber sido disimulada bajo una masa compleja de elementos geológicos y orgánicos, conviviendo de un modo delirante (1). En el centro, sobre el grupo del Nacimiento, están las estrellas de Belén, plantas de Palestina y diversos animales. A derecha e izquierda, sobre dos palmeras, ángeles trompeteros. Las portadas menores contienen más representaciones vegetales, así como otras escenas de la infancia de Cristo: huida a Egipto, matanza de los inocentes, presentación en el Templo, discusión con los doctores, etc.

Las tres puertas parecen estar cobijadas por estalactitas, como si no fueran construcciones humanas, sino más bien grutas naturales, o carámbanos de hielo. Salvador Dalí señaló en los años treinta el aspecto «blando» de esta arquitectura, su poder para evocar sueños y fantasías evanescentes, en un proceso permanente de reordenación, fusión y solidificación.

1

1

2

3

4

La forma desbordada

La aniquilación de las líneas arquitectónicas, y su sustitución por una confusa muchedumbre de figuras terrestres o celestiales se explica porque Gaudí quiso ilustrar el Salmo 148: «Alabad al Señor vosotros que estáis en los cielos... oh, sol y luna, ...vosotras, lucientes estrellas... y todas las aguas que están sobre el firmamento... Alabad al Señor vosotras, criaturas de la tierra, monstruos del mar, y vosotros todos, ¡oh abismos! Fuego, granizo, nieve, hielo, vientos procelosos... montes y collados todos, plantas fructíferas, y todos vosotros, ¡oh cedros! Bestias todas silvestres y domésticas, reptiles y volátiles.» Este hermoso texto se tradujo en una inagotable riqueza de representaciones: los ángeles vuelan sobre el Nacimiento (1); las palmeras hacen de columnas (2); el ciprés simboliza la inmortalidad acogiendo a las almas cristianas (las palomas) (3). Este proteiforme universo figurativo tiene como emblema a un enorme camaleón, en cada extremo de las portadas laterales (4); he aquí otra prueba de que Gaudí podía ser sublime sin perder en sentido del humor.

La música de la arquitectura

En 1903 inició Gaudí la construcción de los cuatro campanarios que se elevan sobre la portada del Nacimiento. Su planta es circular, y tienen un suave perfil parabólico, como si rehuyeran cuidadosamente la línea recta (1). Están dedicados (de izquierda a derecha) a los apóstoles Bernabé, Judas Tadeo, Simón y Matías. La parte baja aloja unas escaleras de caracol que permitirán acceder a los triforios de la iglesia. Las zonas intermedias de cada torre son como unas jaulas gigantescas troncocónicas, sólidamente construidas con piedra de Montjuic (2), que estaban destinadas a albergar un complicado juego de 84 campanas tubulares. Gaudí estudiaba cuidadosamente las posibilidades musicales de su iglesia, y concibió el proyecto fantástico de hacer concordar el sonido de estas campanas (que se accionarían desde un teclado eléctrónico) con el de un órgano desmesurado cuyos tubos estarían en las torres de poniente. Toda la ciudad escucharía estremecida tales sonidos sagrados. Como en una ópera wagneriana, la Sagrada Familia no sería sólo una cosa para mirar sino que involucraría a todos los sentidos. Esta «obra de arte total» haría presentir a los creyentes la gloria ultraterrena de Dios.

Los campanarios se coronaron con remates de brillante policromía que contrastan con la áspera rugosidad de las zonas más bajas. También es muy interesante la tensión entre la curvatura general de estas torres y el aspecto aristado, casi cristalino, de muchos elementos, como la fachada interior, escaleras que conectan las torres centrales, inscripciones geometrizadas, etc.

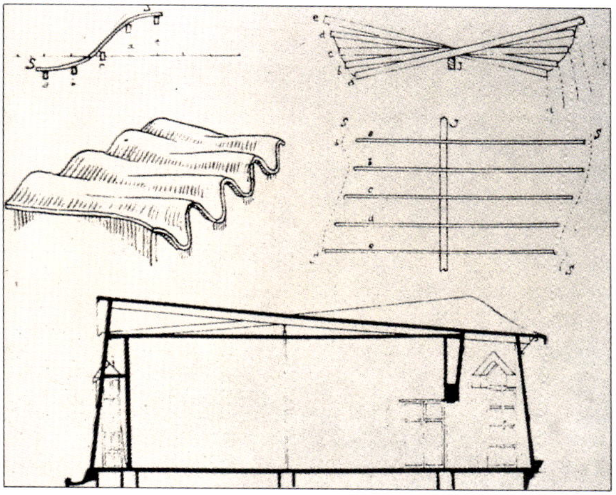

Una pequeña obra maestra

Le Corbusier, una de las figuras más importantes del «movimiento moderno», no sintió gran entusiasmo por Gaudí. Sin embargo, cuando visitó la Sagrada Familia hacia 1928, hizo varios croquis de la escuela del templo (1). Se trata de un pequeño edificio de ladrillo, con muros curvados, construido en 1909. Dado que ocupa una parte del espacio destinado a la fachada principal, se supone que será demolido o trasladado cuando las obras lleguen hasta ahí (2; foto tomada en abril de 1991). Pero aunque éste sea un edificio modesto y provisional, sus cualidades estructurales son extraordinarias: sobre una viga metálica longitudinal apoyan varias transversales de madera, y son éstas las que soportan las baldosas de la techumbre ondulada. No hay «decoración». La estructura y la forma conciden al cien por cien: de ahí el interés que esta obrita de Gaudí suscitó en el conocido arquitecto suizo-francés.

La fachada de la Pasión

En el otoño de 1911, apenas recuperado de las fiebres de Malta, Gaudí hizo en unos pocos días el dibujo completo de la fachada de la Pasión (1). Imaginó entonces una especie de montaña resguardada por un pórtico piramidal, con seis imponentes pilares inclinados. Encima de todo ello habría una doble escalinata, también protegida por otro pórtico con dieciocho soportes parecidos a los del ámbito inferior. Si en la fachada del Nacimiento predomina la gozosa confusión de todos los seres vivos, aquí se quiso evocar la dureza descarnada de lo mineral: las columnas están geometrizadas, y más parecen huesos desnudos o tendones que ingredientes arquitectónicos propiamente dichos. La iluminación crepuscular del dibujo incrementa su patetismo. Gaudí concibió un marco trágico para soportar las escenas de la Pasión de Jesús que se habrían de representar.

La obras de la Sagrada Familia se reanudaron con mucha lentitud después de la guerra civil. Siguiendo el diseño de Gaudí, la primera piedra de la fachada de la Pasión se colocó en 1954. A principios de los años noventa ya ha sido terminada con la colocación de unos polémicos grupos escultóricos ejecutados por J. M. Subirachs.

1

Arquitectura impresionista

La vista, para Gaudí, era «el sentido de la Gloria». Parafraseando a San Agustín dijo de la belleza que era «el resplandor de la verdad». Ésta podría ser la justificación teológica de su interés obsesivo por la luz. Gaudí se ocupó a fondo de la incidencia de los rayos luminosos sobre cada rincón de la Sagrada Familia. También le interesó mucho el efecto global de su edificio, radiante con su esplendoroso colorido bajo la intensa luz mediterránea de Barcelona. De ahí el aspecto «impresionista» de sus croquis (1), y su rechazo de los fríos lavados académicos que ignoraban el poder de sugestión que tiene lo evocado. La maqueta de la fachada de la Gloria (2) muestra cómo esa posición podía llevarse también al ámbito tridimensional: unas masas de yeso, alambres irregularmente doblados, y ciertas nubes portadoras de inscripciones fragmentarias, bastan para crear la sugestión. Estas formas de Gaudí se disuelven en la luz y palpitan luego en la conciencia interior.

La herencia de Gaudí

YA HEMOS visto que Antoni Gaudí se mantuvo recluido en la Sagrada Familia durante los últimos tres lustros de su vida. Para muchos de sus contemporáneos era un personaje mítico y extraño, como si no perteneciera realmente a la misma época que ellos: aquel hombre que se autoinmolaba haciendo un templo desmedido, con un espíritu medieval, no podía más que inspirar sentimientos confusos y juicios contradictorios. Hay que tener en cuenta, además, que el ambiente cultural y los gustos estéticos evolucionaban en una dirección opuesta a la que representaba este arquitecto. El modernismo exótico y confiado de las últimas décadas del siglo XIX se había fundido bien con la moda del *art nouveau,* venida del extranjero. Gaudí impuso su sello personal en ambas corrientes, ofreciéndonos su propia superación de todo ello mediante una arquitectura apasionada y telúrica que algunos han emparentado con la del expresionismo alemán. Pero hacia 1910 se fue imponiendo en Cataluña el *noucentisme,* una corriente estética y literaria que ensalzaba la contención, el equilibrio y la vuelta a la tradición clásica. Para sus adeptos, Gaudí representaba todo lo abominable: capricho, emocionalismo, originalidad gratuita y desmesura.

Parece, por lo tanto, que el «encierro» de Gaudí no fue un simple accidente biográfico: un hombre tan sensible como él debió percibir los síntomas de hostilidad que se desprendían del nuevo entorno cultural. Es cierto que hubo algunos «gaudinistas» como sus colaboradores F. Berenguer, Joan Rubió y, sobre todo, José María Jujol. Pero ni las obras de estos arquitectos ni las de otros imitadores alcanzaron la intensa fuerza poética del maestro. Ellos no comprendieron lo esencial: al intentar imitar a Gaudí como si éste hubiera creado *un estilo* demostraron que la posibilidad de «volver al origen» era irrepetible. Sus verdaderos herederos, paradójicamente, fueron los surrealistas. En los años treinta, mientras Gaudí era menospreciado por los arquitectos «modernos», Salvador Dalí defendía la obra de su compatriota. Las delicuescentes y torturadas formas del maestro de Reus, inspiraron los delirios del pintor, como puede verse en *El ángelus arquitectónico de Millet,* un cuadro de Dalí fechado en 1933 (1), que podemos comparar con las figuras de las páginas 5 y 67.

Obra de Gaudí: guía cronológica

Todos los proyectos y edificios importantes de Antoni Gaudí figuran a continuación por orden cronológico. Los números entre corchetes indican las páginas de este libro en las que se habla de un modo explícito de la obra correspondiente. Las explicaciones que se adjuntan pretenden orientar a quienes deseen visitar las construcciones diseñadas por Gaudí; esta «guía» se completa con los mapas de las páginas 94 y 95, a los cuales remiten las letras y los números colocados debajo de la fecha.

1870	Proyectos juveniles para la restauración del *Monasterio de Poblet* [6].
h. 1877	Diversos proyectos estudiantiles, y entre ellos el de una *«fuente monumental»* [17].
h. 1873-1878 **B-1**	Trabajos en el *Parque de la Ciudadela,* especialmente las rejas, la placita de Aribau y colaboración en la cascada monumental [22-23]. Se trata de un parque público que puede visitarse libremente.
1878 **B-2**	*Farolas* de fundición [24-25]. Pueden visitarse libremente, al estar colocadas en la Plaza Real y en la Plaza del Palau.
1880	Proyecto de *iluminación de la muralla del mar* [24-25].
h. 1873-1885 **A-1**	Diversos trabajos para la *Cooperativa Obrera Mataronense* [26-27]. Carrer de la Cooperativa, Mataró. Carretera N-II y Autopista Barcelona-Mataró.
1883-1888 **B-3**	*Casa Vicens* [30-31]. Barcelona, Carrer de les Carolines, 24. Estación de metro: Fontana. Es una casa particular y el interior no se puede visitar.
1883-1885 **A-2**	*El Capricho* de Comillas, Santander [32-33]. Situado junto al Palacio de Sobrellano. Actualmente es un restaurante abierto al público.
1884-1887 **B-4**	*Caballerizas y portería de la finca Güell* [34-35]. Barcelona, Avinguda de Pedralbes, 7. Actualmente es sede de la Cátedra Gaudí, cuya biblioteca y museo pueden visitarse libremente desde las 8 de la mañana a las 3 de la tarde. Tel. 204 52 50.
1885-1889 **B-5**	*Palacio Güell* [12, 36-39]. Barcelona, Carrer Nou de la Rambla, 3-5. Estación de metro: Liceu. Actualmente es la sede del Museo del Teatro. Horario de visitas: laborables de 10 a 13 y de 17 a 19; festivos de 10 a 13. Tel. 317 39 74.
1888 **B-6**	*Colegio teresiano* [40-41]. Barcelona, Carrer d'en Ganduxer, 85. Estación de metro FFCC: Bonanova. El exterior puede verse libremente, pero las visitas al interior deben efectuarse los sábados de 11 a 13.
1887-1893 **A-3**	*Palacio episcopal de Astorga* [42-43]. Astorga, León. Actualmente alberga el Museo de los Caminos y se puede visitar libremente.

1891-1892	*Casa de los Botines* [42-43].
A-4	León, Plaza de San Marcelo. El interior ha sido muy adulterado. Pueden visitarse, aunque carecen de interés, las oficinas de la Caja de Ahorros de León.
h. 1893	Proyecto de las *Misiones católicas de Tánger* [70-71].
1895-1901	*Bodegas Güell en Garraf* [44-45].
A-5	Garraf, Sitges. Ferrocarril de Barcelona a Vilanova i Geltrú, estación de Garraf. Carretera de Barcelona a Sitges (16 kilómetros). Las bodegas son de propiedad particular y la visita debe ser concertada previamente.
1898-1899	*Casa Calvet* [48-49].
B-7	Barcelona, Carrer de Casp, 48. Estación de metro: Urquinaona. Es una casa particular y despiden con muy malos modales a quienes desean asomarse al interior del portal.
1900-1909	*Bellesguard* [50-51].
B-8	Barcelona, Carrer de Bellesguard, 16. Aunque es una propiedad privada, se puede visitar libremente el exterior.
1901-1902	Puerta y tapia de la *Finca Miralles* [52].
B-9	Barcelona, Passeig de Manuel Girona, 53. Estación de metro: Palau Reial. Situada en la acera de la calle, se puede visitar libremente.
1903-1916	*Primer Misterio de Gloria en Montserrat* (Obra parcial de Gaudí).
A-6	Montaña de Montserrat, camino de la Cueva Santa. Ferrocarril hasta Monistrol y teleférico. Autopista A2, salida 35. Visita libre.
1903-1914	*Restauración de la catedral de Palma de Mallorca* [52-53].
A-7	Palma de Mallorca, Catedral. Se puede visitar en las mismas condiciones que el resto del edificio.
1900-1914	*Parque Güell* [13, 54-59].
B-10	Barcelona, Carrer d'Olot, s.n. y Avda. del Carmel, s.n. El Parque es un jardín municipal de libre acceso. Horario: de 10 a 18 en invierno y de 9 a 20 en verano.
1904-1906	*Casa Batlló* [14, 15, 60-63].
B-11	Barcelona, Passeig de Gràcia, 43. Estaciones de metro: Passeig de Gràcia y Diagonal. Algunas zonas del interior se pueden visitar de lunes a viernes, entre las 8 y las 10 de la mañana, con un permiso que facilita la cátedra Gaudí.
1906-1912	*Casa Milá («La Pedrera»)* [5, 14, 64-67].
B-12	Barcelona, Passeig de Gràcia, 92. Estaciones del metro: Passeig de Gràcia y Diagonal. Se puede subir a la terraza con el siguiente horario de visitas guiadas: días laborales a las 10, 11, 12, 16 y 17; sábados a las 10, 11 y 12.
h. 1908	Proyecto para un *Hotel en Nueva York* [72-73].
	Los dibujos y la memoria explicativa elaborada por Juan Matamala se conservan en la Cátedra Gaudí.
1908-1915	*Cripta de la Colonia Güell* [74-79].
A-8	Santa Coloma de Cervelló, Colonia Güell. Estación de FFCC: Santa Coloma de Cervelló. Carretera de Barcelona a Esplugues-Cornellá-Sant Boi y Santa Coloma de Crevelló (a 15 kilómetros de Barcelona). La cripta se puede visitar pagando una módica entrada. Tel. (93) 661 29 36.
1883-1926	*Templo de la Sagrada Familia* [11, 13, 15, 80-89].
B-13	Barcelona, Carrer de Mallorca, 401, y Córsega, 320. Estación de metro: Sagrada Familia. El museo y la fachada del Nacimiento, con acceso a las torres, se pueden visitar diariamente de 8 a 20.

Mapa A: localidades con obras de Gaudí

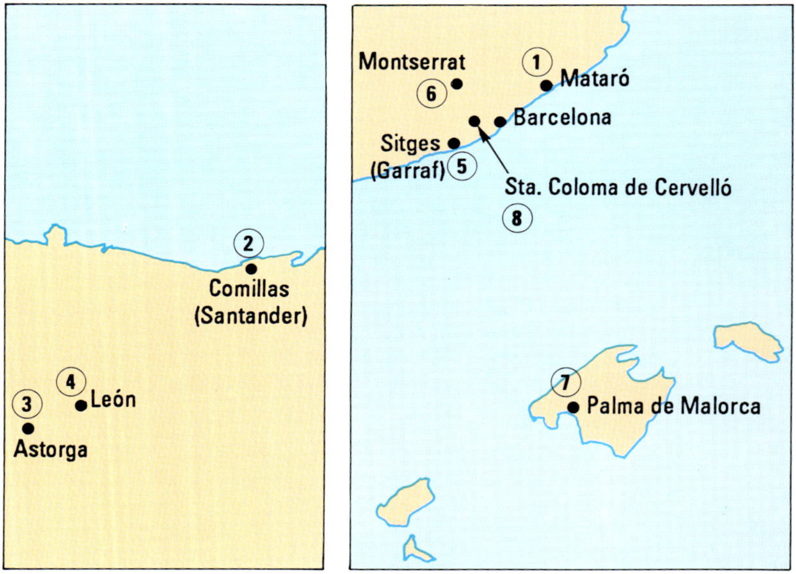

1. Cooperativa Obrera Mataronesa
2. El Capricho
3. Palacio Episcopal
4. Casa de los Botines
5. Bodegas Güell en Garraf
6. Primer Misterio de Gloria
7. Restauración de la catedral de Palma
8. Cripta de la Colonia Güell

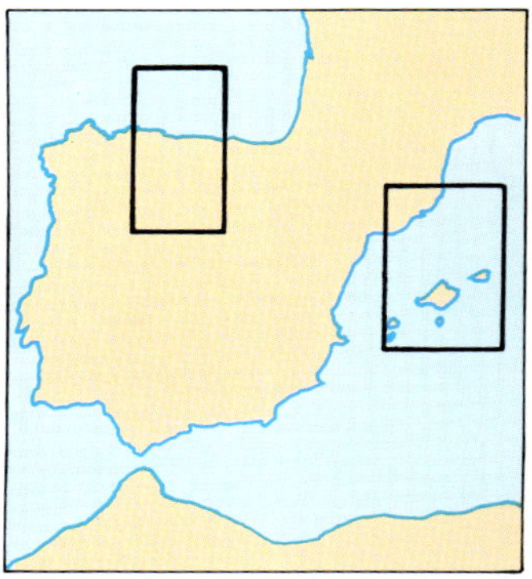

Mapa B: obras de Gaudí en Barcelona

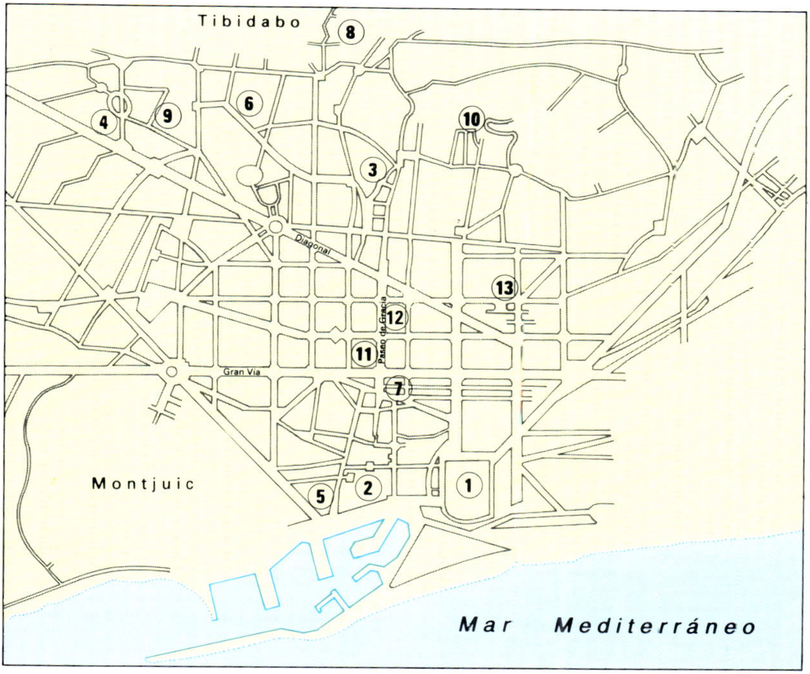

1. Parque de la Ciudadela
2. Farolas
3. Casa Vicens
4. Portería y Caballerizas de la finca Güell
5. Palacio Güell
6. Colegio Teresiano
7. Casa Calvet
8. Bellesguard
9. Finca Miralles
10. Parque Güell
11. Casa Batlló
12. Casa Milá ("La Pedrera")
13. Sagrada Familia

Bibliografía

Bassegoda i Nonell, Juan: *Gaudí.* Ed. Salvat, Barcelona, 1985.
— *Antoni Gaudí (1852-1926).* Fundación Caja de Pensiones, Barcelona, 1985. [Hay ediciones en catalán y en otros idiomas europeos.]
— *El gran Gaudí.* Ed. Ausa, Sabadell, 1989.
Bergós, J.: *Gaudí. L'home i l'obra.* Ed. Ariel, Barcelona, 1954 y 1974.
Bohigas, Oriol: *Reseña y catálogo de la arquitectura modernista.* Ed. Lumen, Barcelona, 1973.
Casanelles, E.: *Nueva visión de Gaudí.* Eds. La Polígrafa, Barcelona, 1965.
Collins, G. R.: *Gaudí.* Braziller, Nueva York, 1960. [Hay varias ediciones, incluyendo una traducción al castellano.]
Descharnes, R. y Prévost, C. (con un prefacio de Salvador Dalí): *La visión artistique et religieuse de Gaudí.* Edita, Lausana, 1969. [Ed. inglesa: *Gaudí, the Visionary.* Dorset Press, New York, 1989.]
Flores, Carlos: *Gaudí, Jujol y el modernismo catalán.* Ed. Aguilar, Madrid, 1982.
Güell, Xavier: *Antoni Gaudí.* Ed. Gustavo Gili, Barcelona, 1986.
Lahuerta, J. J. (editor): *Gaudí i el seu temps.* Ed. Barcanova, Barcelona, 1990.
Martinell, César: *Gaudí. Su vida, su teoría, su obra.* Col. Oficial de Arquitectos, Barcelona, 1967 y 1975.
Puig Boada, Isidre: *El temple de la Sagrada Familia.* Ed. Barcino, Barcelona, 1929. [Varias reediciones en castellano, catalán y otras lenguas europeas.]
— *El pensament de Gaudí.* Col. legi d'Arquitectes de Catalunya, Barcelona, 1981.
Ràfols, J. F. y Folguera, F.: *Gaudí.* Ed. Canosa, Barcelona, 1929. [Reediciones en castellano y catalán.]
Rojo Albarrán, E.: *Antonio Gaudí, ese desconocido: el Park Güell.* Los Libros de la Frontera, Barcelona, 1987.
— *Antonio Gaudí, ese incomprendido: la cripta de la Colonia Güell.* Los libros de la Frontera, Barcelona, 1988.
Solá-Morales, Ignasi de: *Gaudí.* Eds. Polígrafa, Barcelona, 1983.
Torii, Tokutoshi: *El mundo enigmático de Gaudí.* Instituto de España, Valencia, 1983.